哲学课的逆袭

60堂不烧脑的思维课

冀剑制◎著

新华出版社

图书在版编目（CIP）数据

哲学课的逆袭 / 冀剑制著. ——北京：新华出版社，2017.8
ISBN 978-7-5166-3431-8

Ⅰ.①哲…　Ⅱ.①冀…　Ⅲ.①哲学－通俗读物　Ⅳ.①B-49

中国版本图书馆CIP数据核字（2017）第201909号

著作权合同登记号：01-2017-5254

哲学课的逆袭

作　　者：冀剑制

选题策划：王金英　　**责任印制：**廖成华
责任编辑：王金英　　**封面设计：**李尘工作室

出版发行：新华出版社
地　　址：北京石景山区京原路8号　　**邮　　编：**100040
网　　址：http://www.xinhuapub.com
经　　销：新华书店、新华出版社天猫旗舰店、京东旗舰店及各大网店
购书热线：010－63077122　　**中国新闻书店购书热线：**010－63072012

照　　排：臻美书装
印　　刷：北京凯达印务有限公司

成品尺寸：148mm×210mm　1/32
印　　张：9.125　　**字　　数：**200千字
版　　次：2017年9月第一版　　**印　　次：**2017年9月第一次印刷

书　　号：ISBN　978-7-5166-3431-8
定　　价：39.00元

序　言

迎接哲学的新时代来临

在人生中的某一个时刻，有些人会有一个思想上的大转变，开始关心一些原本不会去想的问题。或许每个人都有这样的变化，只不过不一定会让别人知道。有时是怕被嘲笑，有时是自然忽略了，有时则是觉得跟凡夫俗子没什么好说的。

我当时认为这样的转变很酷，对事物开始有了更深刻的感触，还让我的文字活了起来。顺着它，我开始阅读哲学。虽然我对哲学产生兴趣的时间很早，但并没有立刻选择哲学系（当时要读的五专也没这个选项），而是从机械、电子、资讯，开始我的人生学习之旅。

1993 年，我从台大哲学系毕业，到中正大学哲学研究所成为第一届研究生。当时正是网络 BBS 开始在校园流行的时候。为了让哲学更普及，并希望能多和别人讨论哲学问题，我在台大椰林风情站成立哲学版，以 Taoist（现代道家）为代号，担任第一任版主。

当时热衷 BBS 的大多是理工科学生，在哲学版讨论哲学的也大多是读理工的哲学爱好者。可能是因为我在读哲学之前也是理工背景的缘故，所以对话起来倒不会很困难。从那时起，我就尝试尽量不使用专有名词谈哲学。

即使尽可能不使用哲学术语，误解的情形还是很严重，当时我深刻体会到语言多么容易产生误解，而精确地表达一个看法多么不容易。尤其当时我中文打字能力很差，写篇两三百字的短文可能要花上一个多小时，当误解发生时，那种挫败感可想而知。

那几年，活跃在那里的有读物理、生物、文学、数学、电脑科学以及心理学的等等，这样的讨论正好可以建立在当前已知的各种知识之上，继续向未知领域迈进，而这也刚好就是哲学的原始目的与使命。

在多年的网络讨论中，为了要向非哲学系网友解释哲学理论，我总得想些“非主流”的方法。有时很成功，有时却造成更大的误解。在多年的尝试下，我渐渐领悟到并非所有哲学内容都需要提起，说的东西多了反倒会制造理解的障碍。如果每次都只谈必要的内容，而且每次都只针对一个问题来讨论，只要网友不是存心找碴，大多能达成共识。

我还发现，想学些哲学的人常常陷入专有名词的迷雾中，在其中摸索而不得要领，事实上，那些专有名词可能是哲学里最不重要的东西。真正重要的是开阔眼界的突破性观点以及哲学思考能力，而这些并不需要专有名词的辅助。专有名词的价值纯粹只是为沟通方便而设的。在这本书里，我将尽可能地使用日常语言，虽然还是会介绍一些必要的哲学术语，但在使用前都会说明其意义。如果在囫囵吞枣的阅读后，发现不了解的专有名词出现，很可能是漏读了某些章节，最好回头读完遗漏的部分，再继续前进。如果我意外遗留了一些缺乏说明又难以消化的词汇，建议先到网络上查阅，尽量不要让一个怪胎阻碍了阅读。

这本书从开始到完成，历经了很长时间，也由于诸多的因缘结合，终于能够问世。最初的草稿，是我在美国读博士的最后两年开始动笔的，当我完成博士论文的草稿后，经常处在等待指导教授回复的空当，有时会超过一个月。而修改过后再交出去，也要一个月后才会有回音。在这等待的时间里，我尝试将这些年来所吸收的哲学精华，以简单的文字写出来，可以让人省去在书海里迷失的过程。这期间累积的字数其实相当可观，但不是每个部分都写得够好，或适合放进这本书里，整体来说也很杂乱。毕业后回台湾教书，忙着准备各种教材、做新的研究，无暇回头继续这个使命。

几年后，直到原来教哲学概论的老师退休，我有机会接下这门课的同时，才重新启动这个计划。当时三民书局也正好找我合作写一本哲学概论教科书，于是我一鼓作气，在一年内终于将它完成了。完成后，我将这本书给几个哲学界的朋友试读，看看有没有什么我忽略的大问题，所获得的反馈很令人激奋，大多非常肯定，认为这是真正通往哲学世界的捷径。

然而，我所完成的，却不是三民书局所期待的教科书，而是一种镶着教科书外壳的哲学普及读物。由于我很喜欢这本书原本的写法，不愿大幅修改，而且里面有着过多的个人诠释，也不适合其他老师使用，所以我当时决定重写，尝试完成一本适合其他老师教学的书籍。而这本书，就只好继续蛰伏了。

待三民教科书出版后，曾经读过此书稿的朋友和学生纷纷关心起这本书何时可以问世。于是我提起精神，再度修改它，脱去教科书的外壳，让它完全蜕变成哲普书的模样。很高兴修改过后获得商周出版的青睐，并且还建议添加图片让内容更生动，也非常感谢画家彩苹的传神绘笔，让某些趣味思考，溢于言表。

近年来，理性分析的哲学在台湾逐渐兴盛起来，市面上对哲学新书的渴望，大到不可思议，显然一副迎接哲学新时代来临的气象。而脸书（facebook）的崛起，也同时让我们看见大批理盲群众的哗然。这两股势力，正在台湾社会正面交锋，究竟谁将获得冠冕，占领舆论的领地？期待这场“哲学课的逆袭”，能为此战役添加生力军，在更嘹亮的战鼓声中，一举扫除文化中的理盲痼疾。

完成这本书，也完成了一个长久以来的心愿。感觉上，好像又把心中一块大石给放下了。写作期间，我获得很多协助。有些问题请教过去的老师们，希望能写得更好。尤其感谢台湾大学的关永中教授，在病中仍乐意提供协助。有些学生的读后心得也帮助我修改得更易阅读。另外，感谢成功大学人文社会科学中心的甘侦蓉博士以及真理大学通识中心的张国一老师，针对原稿仔细阅读，并提出很有价值的建议。

希望这本书的完成，可以帮助更多对哲学有兴趣的人，进入这个思想的新世界，展开探险，寻找传说中的思想宝库。

冀剑制

2016年底于华梵大学哲学系

目录

CONTENTS

第 1 篇　哲学是什么?

第 2 篇　人生哲学：人生的意义是什么?

第 3 篇　伦理学：为什么我们要有道德？

第 4 篇　形而上学：这是个怎样的世界？

第 5 篇　知识论：如何才能确认我的知识是对的？

第 6 篇　其他哲学领域

第 1 篇

哲学是什么？

另一个世界
范围
无确定答案
方法
信仰
谈理
宗教
哲学
功能
安身立命
效用
提升智慧

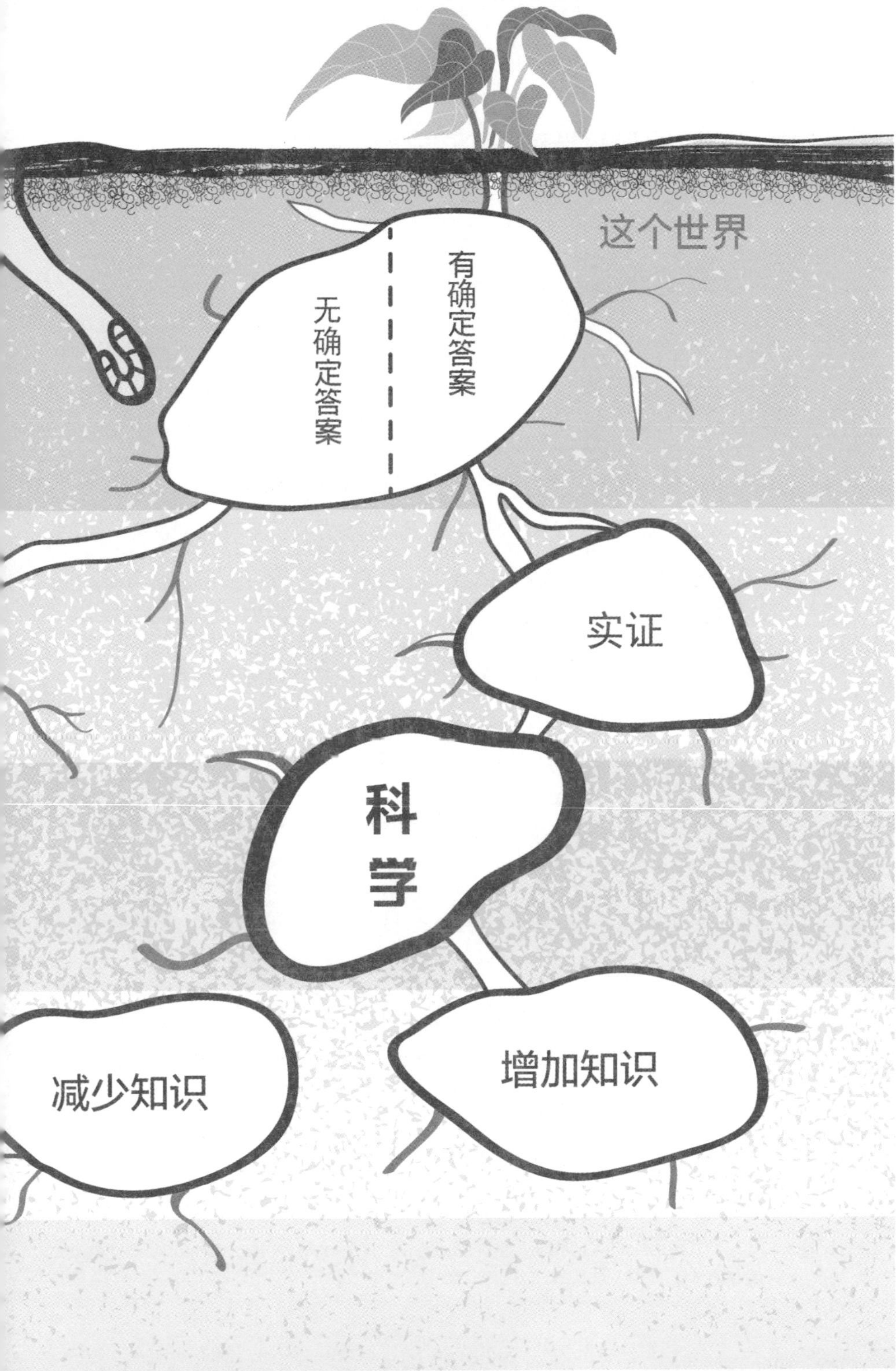
这个世界
有确定答案
无确定答案
实证
科学
增加知识
减少知识

01 为什么要读哲学?

如果不是哲学系学生，或未来没有打算要成为哲学家，那么，学哲学做什么呢？最常见的答案是，“读哲学对思考有帮助。”这个答案当然是对的。但是，很多人读哲学的方式却对思考一点帮助都没有。试问，就算你知道一百个哲学家的名字，背了一百个专有名词，甚至还读了一百个理论的名称、简介和哲学家名言，这些东西虽然可以在谈话中增添很有学问的风范，但对思考有什么帮助呢？当你翻开一本根本看不懂里面写些什么的书，虽然放在书架上很威风，但这又对思考有什么帮助呢？

哲学无法“增加”你的知识

或许，有人会说，“学哲学的主要目的在于增加知识。”但是，我却要说，“这是错的！”哲学理论基本上不会让你增加知识，尤其不会告诉你任何关于世界真相的学问。想增加知识，应该去读科学。任何一门科学都有着丰富的知识等待我们去吸收。一个不懂任何哲学理论的人，说起话来或许少了点深奥的气息，但完全无损其丰富的知识涵养。在获取知识的目标下，哲学，不懂也罢。

事实上，哲学不仅无法增加你的知识，还很可能会减少你的知识，尤其是那些你认为很确定的知识。而且，如果哲学无法减少你的知识，那你的哲学就白念了。“减少知识”，反而是念哲学的重要目的之一。

什么叫作“减少知识”呢？简单地说，就是把你原本确定认为是对的东西、可以满足的解答，变得越来越少，少到你甚至无法确定任何事物的是非对错。而且还可以更少，少到你原本借以用来认识事物的原则，甚至预设，都可以动摇。当然还可以再更少，少到你连“自我”都可以不确定“它”的存在。这怎么可能？如果没有了“我”，是什么在怀疑？是什么在不确定？你甚至可以开始不确定究竟是不是真的有“怀疑”这一回事。那么，这种哲学究竟有什么用呢？

有的，这就是自古以来一直被人歌颂的，称之为“智慧”的东西。智慧，让人更深刻地观看一切，当哲学带领我们进入一切知识最根源的地带，我们将蜕变成另一种类型的思考者。

哲学思考有何特点？

或许由于哲学的名声太响了，近年来，许多科学家纷纷表态对哲学的轻视。“不需要哲学理论，科学研究照样做得好！”“不需要哲学的训练，思考能力一样没问题。”从我（一个同时具备科学与哲学教育背景）的角度来看，这两个观点都是对的。做科学研究，不一定需要任何哲学基础。做科学上的思考，也可以完全不需要哲学的思考能力训练。既然如此，哲学究竟对思考有什么帮助呢？有什么非得读哲学的理由吗？答案是，看你要思考些什么。

做科学思考，我们站在一些确定的知识基础上，从这些点出发进行假设、设计实验，并且证实这个假设，最后获取科学研究成果。训练这种思考能力，并不需要特别去读哲学。科学方法的训练就足够了。有些哲学理论对寻找假设，或是建立衡量标准有帮助，但这样的机会并不多，需要时再学即可，不用特别为此读哲学。那么，哲学究竟对什么样的思考有帮助呢？

科学思考方法与哲学思考方法的最大不同点，在于使用时机与目标的差异。科学是在一个有确定性的知识系统中寻找解答；而哲学却是在一个没有确定性的系统中寻找最大可能性。哲学探讨的议题大多是没有“正确答案”的。这并不是说，哲学无法找到正确答案，而是在人类知识发展中，一旦某些哲学议题开始能够产出正确答案，开始从不确定的系统转变成有确定性的系统时，这个领域就即将脱离哲学而自成一门新科学。

哲学永远继续挑战那些仍旧处在没有答案状态的问题。所以，如果想要学习知识、想要知道答案与真相，要学的是科学，不是哲学。但如果有一天，你突然很想解开某些目前根本没有答案的问题，比如追问人生意义，那么，你或许会开始走进哲学领域。最初，你会想要借由阅读哲学来获得答案，就像许多以第一志愿进入大学哲学系的学生一样，但是一段时间过后，这些人大多会感到很沮丧，因为书本里面没有真正令人满意的答案。所以，你也不用想通过读哲学去发现答案，因为，这里没有答案，或者，你会看到一大堆答案，但可能没有任何一个能让你完全满意。

这种情况使得某些人放弃哲学，但也有些人干脆开始自己找答案。这个心态的转变同时造就了不同的处境。哲学虽然不能给你答案，但在你寻找答案的过程中，哲学会供给你无限的能量，让你在无边无际的思想世界里任意遨游。

在不确定中寻找最大可能性

读哲学，自己必须化身成为哲学思考者，通过一种很特别的思考方式，这种思考方式协助你在没有任何正确基础上建立一个最大可能性。如果你的目标是要寻找（对你来说）最可能的答案是什么、最能说服你的答案是什么，那么，你找对地方了，哲学这块大地等你来耕耘与收获。

哲学思考方式，完全不同于日常生活中我们已经习惯的任何一种形式的思考方法。没有通过哲学思考训练，很难学会这样的思考模式。这种思考能力是面对日常生活非常重要的能力，每一个人都应该具备，只不过大多数人都不知道它的价值，具备这种能力的人也比较少。日常生活中的大多数事情，其实都是在一个没有确定性的基础上做选择，比如大学该读哪个科系、是不是该换工作了、到底要不要嫁给他、怎样跟孩子沟通等等。这些问题都没有一个正确答案，我们通常只是诉诸一些简单的推理、朋友的建议，或是不知从哪里获得的轻率知识就做了抉择。大多数人不知道，原来哲学思考可以在这些地方发挥很大的功效。

通常必须等你意识到，自己正对某些没有确定性解答的问题感兴趣时，哲学理论的价值才开始浮现。虽然这些哲学理论或许无法给你满意的答案，但是，它们可以让你在这个没有确定性的世界中拓展眼界，让你较容易找到一个满意的栖身处。

事实上，整个世界都处在一个不确定的系统中。没有任何一门科学的确定性是真的确定的。任何科学的确定性也都只是暂时的，只有那些完全不理会或看不见这个事实的科学家们会轻视哲学。对于走在理论最顶端的科学研究者来说，他们通常也都进行着哲学思考，探索世界的最终真相，思考着我们习惯接受的一切科学预设是否全错了。而这类问题本身，是没有一个确定性基础可供参考的。

探索思维的新世界

哲学思考，像是一场冒险。我们企图借由前人研究的成果，继续向前，走进人类尚未开发的思维世界，我们永远无法预期会在那里发现什么。如果你找到一些很有趣的东西，并且将这个思路地图写下来，让其他人也可以跟随你的足迹，探索那个新世界，那么，你就成为一位对人类思想有贡献的哲学家。

读哲学，必须是一个探险者，如果你对这种探险没兴趣，那各种哲学理论也不会对你有什么价值，建议放下这本书，去翻阅其他对你更有意义的书籍。这座思想花园里只有疑问，没有任何确定的答案，到此一游的结果只会空手而回。然而，如果你对这样的探险有兴趣，那么，就让我们继续往前走，让我先带你参观这个哲学的思维世界，并且教你如何打开新视野，踏上人类尚未开发的思维领域，成为一个探险者，就有机会挖掘思想中的宝藏。

02 哲学的主要特点是什么?

哲学最大的特点在于其思考方法，而哲学思考方法最大的特点是“在一个没有确定性的系统中，寻找最大的可能性、最合理的答案或是最好的抉择”。

思考没有标准答案的问题

在日常生活中，我们所面临的大多数抉择并没有正确答案，都是在一个没有确定性的系统之中。无论是要选择大学科系、工作种类还是爱情的归宿，甚至要不要回一通未接来电，都没有一个正确解答，也没有所谓正确的决定。但由于我们不清楚如何在不确定的系统中寻找最佳抉择，因此，我们把所有问题都当作有正确答案在思考，误以为只要想得对，就一定有最好的结果。所以，一旦产生好结果，就以为是正确的抉择与正确的思考；万一不尽如人意，就以为全错了。但事实上并不是这样的。

依据最好的思考，找到最佳抉择，不一定有完美的结局；借由不好的思考与抉择，也未必导致不好的后果。这是几率的问题。越能常常靠向最佳思考与抉择，成功的机会自然越高。当我们首先认清这种不确定性系统时，才有能力开始学习如何在这种知识基础上思考。

以“情归何处”来说，到底要不要跟某个追求者交往呢？这个提供选择的知识系统表面上看似简单，我们通常会把它当作一个有确定性的系统来看，因此认为，这只是“要”或是“不要”的决定。如果决定交往，则会产生X结果，如果不交往，则会产生Y结果。如果X结果比Y结果好，决定交往就是正确抉择，反之则是错误抉择。

但是，这个思考方式却是设定在一个太过简化，而且与事实不合的基础上。这个问题里面还牵涉到的因素是，如何交往、交往后对方可能有哪些反应及改变、不交往的话还有哪些选项、双方感情种类如何、能持续多久、个人重视的与追求的生活方式是什么，以及未来想法是否会改变等等。这些复杂因素，都会让问题必须近一步仰赖未来不确定因素的变化，而产生不同的结果。也就是说，在抉择的当下，未来的好坏尚未被决定，在抉择过后的每一刻、每一个行为、言谈、书信往来，甚至（自己和对方）与其他人的关系变化等等都影响着结局的演变。所以，我们根本不可能在这一刻找出一个确定性的解答。

但是，也不能因为没有正确抉择，我们就可以随便做一个选择。许多人认为，“反正还必须依赖未来的变化，那就随便做一个选择，听天由命吧！”这种观点也是错的。因为多数人不知道要如何在这种不确定系统中思考，所以干脆交给命运去安排。然而，这些所有的不确定因素仍旧有脉络可循。里面牵涉到的人性与关系变化虽然不会依据一定的定律在运作，但仍然有相当程度的可预测性。当我们尽可能找出各种影响因素，并且把握这些变动因子，我们就可能找出一个最佳策略、最佳抉择、最大的可能性以及最合理的解答。而这就是哲学思考最大的特点。

谁吃了大肥鱼？

举一个有趣的例子：古时候某个员外布置了一个大花园养了三种猫，分别是黑猫、黄猫以及白猫。这三种猫各自成立了属于自己的组织，并且互相对抗，形成猫花园三国时代。白猫数量最多，总共有十只，黄猫三只，而黑猫只有两只。有一天，员外厨房里准备宴请皇上的大肥鱼在夜里不见了，隔天早上在猫花园的正中央发现鱼骨头。虽然事态严重，但没有任何猫指出罪犯，也没有任何猫承认"罪行"。请问，大肥鱼究竟是被哪一种猫偷的？

这个问题不同于大家习惯的逻辑推理游戏。逻辑推理游戏通常有正确答案，可以通过正确的思考找出正确的解答。也就是说，一般的逻辑推理游戏事实上是属于具有确定性系统中的问题，但这个问题显然属于没有确定性系统的问题。它无法借由现有资料找到正确答案，我们只能沿着合理性去推测，目标则在寻找最合理的解答。那么，我们看看该如何思考这类问题。

员外把家里所有会哲学思考的读书人找来，要他们判断究竟是哪一种猫犯下这个重罪。

首先发言的 A 说："由于三种猫互相敌对，应该不会合作。进入厨房叼出大肥鱼而又不被发现其实很不容易，一定是通力合作完成的，而白猫数量最大，只有白猫群能完成这个工作，所以一定是白猫干的。"

哲学思考的方法之一，是从前人的推理中寻找疑点，再借由解决疑点的过程，发展新的理论。因此，B 说："由于案情发生在晚上，夜间白猫颜色太明显，如果是白猫通力合作偷的，那么一定会被人发现，所以，A 的解答显然是不合理的。那么，最有可能的应该是黑猫，黑猫在夜间偷鱼比较不会被人发现，而且既然两只黑猫就足以对抗十只白猫，形成三国鼎立的局面，这表示黑猫身手矫健，偷鱼应该不成问题。所以，应该是黑猫干的。”

B 的理论显然比 A 更有说服力，这就让这个问题的最大可能性往前推进一大步。但是，C 有不同的见解，他说：“我们可能都被误导了，以为鱼骨头落在猫花园就一定是猫偷的鱼，事实上，就算黑猫在夜间比较不容易被人发现，却很难逃得过其他猫的夜视能力，如果真的是黑猫偷的，其他猫应该会发现，而且由于它们处在敌对状态，所以，一定会举发。因此，根本不是猫偷了鱼，而是某个人偷了鱼，却把鱼骨头丢到猫花园要嫁祸给猫。”

不断寻找更合理的解答

由 A、B、C 三个人的理论，我们可以发现，首先需要有人提出一个合理的解答，而后经过思考找出这个理论的缺点，再针对这个缺点提出更合理的理论，由此不断的演变，我们可以获得越来越合理的解答。直到无法再进一步突破时，这个问题的讨论就会暂时画下休止符，等待未来出现更多证据或更有突破性的思考时，才能有所进展。

例如，出现了新的证据。D 发现三只黄猫其实不足以抵抗十只白猫与两只身手矫健的黑猫，之所以形成三国鼎立的局面是因为，黄猫很聪明，它们有时联合白猫对抗黑猫，黑猫就会落下风。有时又与黑猫合作对抗白猫，白猫就会出现危机。所以，无论是黑猫或是白猫，都不敢得罪黄猫。因此，D 认为，如果偷鱼的是黄猫，那就可以合理解释为什么

没有猫出来指认罪犯。而且，D 认为不会有人为了吃一只大肥鱼而甘冒杀头的重罪，所以，D 认为 C 也是错的，而真正的偷鱼贼是黄猫。

这个新证据加上一个好推理，让 D 占了上风，成了最高合理性的理论。如果没有其他新证据出现，也没人能想到更合理的理论，那么，这个争论就只能继续等下去，暂时由 D 提出的“黄猫论”站在合理性的顶端，但仍然不是一个确定性答案。或许，当有大哲学家出现时，便能找到更具有突破性的思维角度，重启新的战局。

如果我们对于思考这个“究竟谁偷了鱼”的问题兴趣不大，也不想追究，只想知道答案。那么，当我们读了这些理论之后，会有茫然若失的感觉，“究竟是谁偷了鱼啊？答案究竟是什么？”许多读哲学或是听哲学演讲的人，大概都会有这样的感觉。没有答案！感觉好像被骗了，搞了半天，完全没有收获。这就是前面我说的，想要直接从书中获取知识的人，不适合读哲学。

哲学思考的乐趣

但是，如果你对思考这类还没有确定性的问题感兴趣，想要做一个探索者，继续找找看是否有更合理的答案，甚至尝试从没有确定性的系统，转变成一个有确定性的系统，进而终结一个哲学问题。那么，你就会开始欣赏各种哲学理论，并且发现哲学思考的乐趣所在。

我想，通过这个例子，大家现在应该已经大略掌握了有确定性的系统和没有确定性的系统之间的差别，也把握了哲学思考最大的特点了。现在，我们来讨论一下，哲学究竟是什么？

03 哲学究竟是什么？

“哲学是什么？”这个问题大概是所有跟哲学相关的问题中，最常被问到的其中一个。（另一个大概就是“人生的意义是什么？”）虽然最常被问，但答案也是五花八门，不同人往往有不同的回答。虽然答案有千百种，但有趣的是，无论哪一个都无法让问话者满意。理由很简单，因为问话的人通常期待借由简单几句话，让他从不知道哲学是什么，转变成知道哲学是什么。但是，这个期待一定会落空，因为这是不可能的。

三言两语解释不清

之所以不可能，并不是哲学有什么奇特之处，因为大部分其他学科也没有这样的定义。试想一下，如果有一天你遇见一个在山里长大从没上过学的人，他问你对什么有兴趣，你回答“数学”。这时他再问你，“数学是什么？”你是否有可能在几句话中，让他从不知道数学是什么，变成知道数学是什么呢？不可能的。

我们对数学的认识来自于多年的学习过程，这个过程累积出一种对“数学”的整体观感，通过这整体的观感，我们建构了一个关于“数学”的概念，当我们企图要表达这个概念时，会突然感到语塞而说不出话来。理由很简单，因为这种知识属于“难以表达的知识形态”。虽然自己很清楚知道那是什么，却难以说清楚。因为里面牵涉到一些属于能力的知识，就像多数人知道如何骑自行车，但是要跟不会骑自行车的人说明这个知识时，我们便会感到不知从何说起，而且怎样也说不清楚。这种长年累积的关于数学的思考（计算）方法、哲学的思考方法，逐渐形成一种默默领会的能力与知识，当要解释的概念混杂着这种无法说清楚的东西，而这样的能力还是整个概念的核心时，我们便不知该如何开口了。

此外，用以描述各种学科的概念除了包含这种能力之外，还牵连到许多可以说清楚的各种知识，借由这些知识的说明，可以逐渐让一个人慢慢掌握这个概念，但由于知识量过于庞大，也不是短时间内可以讲完的。所以，虽然“哲学”和许多其他学科一样，难以对不知道的人表达清楚，但也并非完全无法表达。我们还是可以一点一滴慢慢说出来，达到某种程度的理解。只不过，不要期待有那种简单几句话就可以知道哲学是什么的定义，因为根本就没有这种东西。但只要多一点耐心，仍旧可以在这一小篇章中，大略领悟哲学是什么。

哲学的原始意义与现代意义

哲学的原始意义其实就是“了解真相的一门学问”。从这个角度来说，任何探索真相的学问都可以称为哲学。在西方，研究真相的博士学位都叫作哲学博士（Ph.D.）。虽然有好几种不同的博士学位，像是研究医学技术的医学技术博士（M. D.），研究教育方法的教育方法博士（Ed.D.）。但是，研究疾病成因等关于事实真相学问的学位，称为医学方面的哲学博士；而研究人的学习本能与反教育性格等关于事实真相学问的学位，则称为教育领域的哲学博士。凡是研究主题是在探索真相的博士学位都叫作哲学博士，这是“哲学”这个词最广义的使用方式。在这个意义上，哲学家意指所有探索真相的人。那么，所有的科学家也都是哲学家。

这个原始意义在哲学启蒙的古希腊时期还很适用，因为当时人类知识很有限，哲学家们可以具备所有关于世界真相的知识，并从事任何哲学以及科学的研究。所以，当时也不用分什么哲学家或是科学家，反正都是探索真相的人（Philosopher，或通常照字面翻译成“爱智者”），而使用的研究方法也是科学与哲学并行。

但是，当知识累积越来越多，人们开始无法兼顾。不仅科学与哲学分家，不同的科学也分家，现在连不同哲学也在分家。所以，哲学在现代意义上，已经不再包含科学。哲学家们不一定懂科学，而且通常也不做科学研究，甚至不懂科学研究方法。而科学家们也往往不懂哲学，不了解哲学的思考方法。当然，仍然有许多人是例外，现在还是有许多横跨科学与哲学的人，其研究方式就会比较接近哲学的原始意义。那么，当我们挥别这个哲学的原始意义，当代哲学的意义是什么呢？

当代哲学在方法上，使用推理与论证，但不进行科学上的实验与验证。所以，哲学家们进行思考，在田野间、公园、市集或是咖啡厅，随意沉思，企图找出对某些哲学问题的关键突破。如果有所收获，就写成论文，形成新的哲学理论。

哲学与科学的研究方法

这种研究方法获得的解答，其可信度当然没有采用科学方法来得更好。所以，哲学思考通常不会针对那些已经在科学研究领域内的问题想答案，而是针对科学方法能触及的范围之外的那些问题进行推理。这就是我所说的“有确定性的系统”与“没有确定性系统”的差别。

在科学领域内，我们可以想象通过一些实验而获得解答，在这个思考领域，我们的知识处在一个有确定性的系统中。例如，科学在不知道希格斯粒子（质量来源的假想粒子）是否真的存在时，可以通过希格斯粒子（从理论上推测）的各种特性，知道在什么样的情况下，它可以造成什么特殊现象。那么，我们就可以依据这个情况来设计实验，一旦实验成功，我们就证实（或支持）它的存在，否则，我们就倾向认为这个假设是错误的。在这整个知识系统中，针对希格斯粒子是否存在的问题是可以有确定性解答的。在这种情况下，实验比推理更有意义，那么，这就是一个有确定性的系统。然而，有些理论物理学并不依赖实验，而是依据现有知识进行数学计算，得出某种计算数据后，进行理论上的推想。虽然其确定性似乎比有实验依据的物理学差一些，但也算是一种有确定性的系统，至少能够得出确定性的数据。当一个理论所在的系统中，其确定性降低的同时，其所需的思考方法就越接近哲学。

哲学则是在更没有确定性的系统中进行推理，通常无法得出确定性解答，只能得出一个合理的结论。合理性越高，其哲学价值越高。例如，“神是否存在？”针对这个问题，依据现有的相关知识系统，我们无法有确定性答案，不仅无法进行科学实验，也没有任何数学可以用来计算这个答案。因此，我们只能从不同的角度去推理其合理性。只要任何一个理论可以让“神存在”的可能性提升一点点，或是降低一点点，都是有价值的理论。所以，当我们评估一个哲学论证或是一个哲学理论时，我们不能只看它“能否得出确定性解答”，如果用这样的眼光看哲学，哲学（除了用来否定某些东西之外）将可能（在探索新知方面）毫无用处。所以，评估哲学理论的较好态度是：“这个理论是否在我们追求答案的过程中有帮助，是否让某个答案成立的可能性提升了，或是降低了。”只要有这样的成果，就是好的哲学。

寻找最大可能性，追求未知真相

当我们说，哲学无法给出确定性的答案时，针对的是正面得出新知的角度来说。哲学无法告诉你正确解答。但是，在另一方面，哲学是可以有确定性的，可以告诉你某些答案“一定是错的”。例如，哲学虽然不能确定地告诉你“算命是否可能”，也无法告诉你“自由意志是否存在”，却可以告诉你，当你同时相信这两者时，你一定是错的。因为它们在某些预设上（一个预设命定论，另一个反对命定论）会导致矛盾。除非你可以想个办法融合两者，或是另立一个接受矛盾的哲学，否则，我们就可以直接宣告其错误。这是哲学可以有确定性的地方。因此，哲学对知识的破坏性高过其建设性。从这角度来说，哲学更容易引导一个人认清各种知识的不稳定基础，而这也是造就智慧的重要过程。

这篇结束之前，或许有人仍然想问，那哲学究竟是什么呢？简单地说，哲学是一门追求未知真相的学问。广义的哲学是用一切可能的方法了解真相。而当代较为狭义的哲学，则是针对不具有确定性系统的问题，以寻找最大可能性为目标，提出各种说明真相应该是什么的理论。

04 先有哲学问题，才有哲学理论

哲学家们针对没有确定性的问题进行思索，得出各种哲学理论。在顺序上，先有问题，才会有理论。所以，当你看到一个古怪的哲学理论时，先去想想这个理论是为了解决什么样的问题而提出来的，当你了解问题后，就比较能了解这个古怪的理论。当你觉得这个哲学问题有简单的答案，哲学家们却去寻找复杂又怪异的答案，因而感到疑惑时，先别太快否定这个哲学理论，因为，这很可能是因为你没有看到简单答案后面的困难。即使是哲学家，也会喜欢简单的答案，只有在简单答案实在不可行的时候，各种奇怪的理论才会纷纷出笼。

哲学家对什么问题感兴趣?

虽然，哲学问题主要是在不确定系统中的问题，但并非所有不确定性系统中的问题都会成为哲学问题。因为只有那些哲学家们感兴趣，并且想去思考的问题才会变成哲学问题。例如，书桌上这块石头是我前几天在溪边捡到的，为什么它是这个形状，而不是别的形状呢？这个问题不在确定性系统中，如果有兴趣的话，也可以去思考与讨论，并且得出各种不同的理论。但是，基本上没什么人会对这个问题感兴趣，因此它也就不会成为哲学问题。然而，这同样也没有什么确定性，万一从明天开始，突然有个大哲学家对这个问题感兴趣，并且提出很特别的理论，像是“石头的每一个形状都在表达一个指示，告诉每一个遇到它的人该朝向哪一个人生方向”。而且如果这个理论说服力很强，那么，许多哲学家们或许就会开始进行思考、批判、分析，提出修正意见或是其他理论，那么，新的哲学问题与哲学理论就应运而生了。

所以，哪些问题将成为哲学问题也随着时代和人物的不同而有所不同。如果想要知道“哲学是什么”，必须先了解有哪些问题被哲学家所讨论，这里并没有一个很好的分类公式可供参考，因为这牵涉到人性与文化的多变性，所以，想知道哲学是什么就避免不了一定要去读现有的哲学理论。这显然不是短时间内、简单几句话，可以交代清楚的了。

由于时代的不同，会导致哲学家们对不同的问题感兴趣。过去曾经被讨论的哲学问题，有可能现代人已根本不感兴趣。这样的哲学问题与哲学理论就可能永远被遗留在哲学史上，除非新的思潮将之带入新时代，否则，那就已经是没什么哲学价值的问题了（剩余的只有历史价值）。例如，在西方中世纪时期（大约在公元500年至1500年间），当时神学兴盛，对某些特殊问题会感兴趣，像是“一根针尖上可以站几个天使？”在当今神学较不受重视的时代，这个问题已经无法激起人们思考的兴趣。这类问题就留给对历史感兴趣的人吧！

现代人有兴趣思考的问题

我倾向于不在此书放入这类旧问题。我期待此书只留下对现代人较有思考意义的问题。所以，这本书不是专门介绍在哲学史上曾经有过哪些重要足迹的概论书，而是经由我的筛选，只留下我认为对现代人来说，较有意义去思考的问题及其相关理论。

而且，当我认为这是现代人需要思考的问题时，你未必会有相同的感觉，甚至会认为这个问题一样无聊没意义。所以，我在问题的前面，会尽量先说明为什么我认为这是一个有思考价值的问题。这个引导，或许能够更增强你阅读以及思考它的动力。

本书所列的各种哲学问题与其相关理论，排列方式不是依其在哲学界被认为的重要性，而是依照多数人比较容易觉得有兴趣，会让人想去思考的顺序。等到进入第一关，就比较有兴趣走向第二关，以此类推。如果你能顺着感兴趣的思路读完全书，而且真的对这些问题都深入思考了，那么，你就可以开始以一个哲学家的身份进行探险，前往思维世界的伟大航道，寻找传说中的思想宝藏。

第2篇 人生哲学

人生的意义是什么？

虚无主义
反对
无论人生有无意义，
怎样的人生最好？
享乐主义
尽情享受生命
亚里士多德
培养德性才能获得最大幸福
禁欲主义
抑制欲望

安瑟伦
的
本体论论证
马雷夏
的
自然欲求论证
阿奎那
的
宇宙论论证
不可知
支持
反对
全能全善神
基督教
反对
慈悲且法力无边
的佛与菩萨
生有
义？
神存在？
易导出
佛教
反对
押注
帕斯卡的
赌博论证
恶的难题

05 人生意义的问题

人们从小到大，为了追求着什么而努力。小时候追求糖果、冰淇淋、多点时间玩电脑游戏，以及大人的肯定与赞美。进了学校开始追求好成绩、考上好学校，以及各种物质欲望的满足。再大一点，开始追求圆满的爱情。进入社会，重心则放在事业或是家庭，不断努力。这样的努力，让我们的心灵一直被填满着，很少有机会停下来，让心灵放空，面对自己。

开跑车、住豪宅、背名牌包，真的快乐吗？

心灵一旦放下各种追求的目标，或是短时间内突然对自己为什么要追求这些东西感到疑惑，在这种心灵填充物突然消失的瞬间，我们会不知所措。突来的心灵空洞里，会有个问题浮现出来，“追求这些东西究竟有什么意义？”这个问题当然没有答案，只有无奈。所以，我们通常将之当作短暂的不正常心理现象，甚至当作努力过程中的绊脚石，“想这么多干吗？”然后重新振作起来，继续原本的生活形态。撑得越久，在社会上越是成功、拥有的物质享受越多，有时反而就越难停下来。因为，一旦停止，当成就感的光芒突然熄灭，空虚感就越明显。

直到有一天，无论是什么理由，当我们真的停了下来，决定好好面对这个问题时，我们会发现，这一切的追求似乎都不是每一个“我”内心真正想要的，我们只是随着社会大众价值观的作用，追求着众人认为每个人应该追求的东西——手提名牌包、身着昂贵服饰、开着跑车、坐拥豪宅、名片上响亮的称谓等等。当我们追求到了，就展示出来向别人炫耀一番，贪婪地消化着别人羡慕的眼光，然后期待更多。尚未追求到的，就继续努力。但是，除了满足于别人羡慕的眼神之外，我们对这些东西的渴望到底有多强烈？我们真的这么喜欢这些事物吗？开跑车很快乐吗？住豪宅很惬意吗？拥有响亮的名声很满足吗？想象一下，如果这个世界上的其他人都消失了，所有物品任君使用，我们还会喜欢这些东西吗？我们内心真正期待的，究竟是什么呢？

在一个忙碌的假象中，我们忽视着内心深处的声音，以为再多努力一些，无论是再赚更多一点、地位再提升一点，还是成就感再增加一点，就能达成悠闲生活的目标，然后就可以从此追求快快乐乐、无忧无虑的人生。每个人都认为，“我的欲望不高，只要再多这么一点点，我就满足了，就可以休息了。”但是，这个终点始终到达不了，也没有任何接近的迹象。当你意识到这样的困局，发现我们一直受到某种错觉的欺骗，而决定改变方向时，那么，放松你的肩膀，暂时停止一切追逐，面对自己的内心世界。这时，我们自然而然会想问：“我究竟想要什么？”“怎么做才是正确的人生方向？”而这也就直接呼应了（除了“哲学是什么”的问题之外）另一个最常被问的哲学问题：“人生的意义是什么？”

大多数人是从这个路线进入哲学世界，由于想要知道人生的意义，所以开始阅读哲学并进行思考。如果我们把这样的心灵感触当作是一种面对自我的觉醒状态，那么，每一个人或早或晚大概都会有这样的状态，只不过并不是每个人都会选择哲学，更多的人会在宗教中寻求解答。与哲学不同的是，每一种宗教都有解答，而且大多很合理，只要可以满足你，那就接受它、相信它，不用自己去找。这样也不错。但是，万一没有任何一个解答能满足你，那只好辛苦一点，到哲学世界来，寻找真正能够满足自己的解答。

未经检视的人生不值得活

停下来思索人生、面对自己，并不是从此之后，就必须全心全意追逐生命。这只不过是开始跟内心对话，并不需要放弃目前正在进行的任何计划，只是让我们不再盲目跟随外部的价值观，开始学习做一个真正的自己。越早开始，就越不会落入空虚的人生。如果你目前还不觉得人生问题很重要，那么，先试着问问自己："我期待怎样的人生？这样的人生是否能带给我生命的满足而了无遗憾？"如果你找到了，就去追求它吧！但为了避免自己想错了，请经常性地回头想想，"这真的就是我要的人生吗？"

当我们不再盲从，而时时反思自己的生命道路，先活出一个自己，这也就是古希腊哲学家苏格拉底所支持的生活方式，他说："未经检视的人生是不值得活的（An unexamined life is not worth living）。"每个人出生在这个社会上，性向不同、经历不同，各有属于自己不同的喜好与所长，就算大家都想追求像是佛陀所主张的悟道成佛，适合的路线与法门也会不同，而"自己最适合什么"的问题只有自己可以解答，而且必须深入内心世界好好认识自己之后，才能在每一个人生的转弯口，看见属于自己的道路。

当然，我们有时不容易判断最适合自己的方向与目标何在，有时必须真的到达那个地方，才能够知道，这里是否就是我的最终目标。在过程中若能经常性地检视自己、询问自己，成功的机会就越大。然而，人与人之间虽不尽相同，总有类似的地方，因此，在这种追寻的过程中，不妨先参考看看前人遗留的智慧，是否有什么值得学习的想法。

06 人生有意义吗?

思考人生的意义,第一个会遇到的问题是,“人生究竟有没有意义?”如果人生有意义,那么第二个问题就是,“人生的意义是什么?”然而,如果人生没有意义,我们就只好思考,“在没有特定意义的情况下,怎样的人生较好?”

讨论前,先分析问题

由于“人生意义”这个词汇有些模糊,因此,在讨论相关问题之前,我们需要先做个初步的分析,让问题本身更清楚。

TIPS 把问题先分析清楚的好处

“分析问题本身”,这个工作往往是哲学里面最重要的步骤之一,因为若没有先把问题弄清楚,讨论起来往往会抓不到重点,而且常常会有鸡同鸭讲的现象,这会把问题越弄越大也越模糊。这样不但无助于解决问题,还往往把问题变得更复杂难解。而且有的时候,把问题分析清楚之后,原本的问题就不再是问题了。这是由于问题本身也可能制造出困惑的假象。这种现象称之为“消解”一个问题。

“解决一个问题”,是找出这个问题的解答。不管是正确的解答或是合理的解答皆可。但“消解一个问题”,针对的是根本没有解答的问题,不仅没有正确解答，连合理解答也不会有，因为问题本身就已经设下了错误的困局。这种问题只能靠分析去指出其错误之处，而把问题取消。

例如，古希腊时期诡辩学家芝诺（Zeno of Elea, 490BC—430BC）主张"飞箭是不可能会动的。"他的理由是，"因为无论箭在哪一个空间点上都是静止的。既然在每一个点都静止，又怎么可能会动呢？"这里牵涉到的是两种看事物的方式，一种是把世界当作无数个点的（非连续）集合体，从这个角度来看，飞箭的确是不会动的；或者说，"动"根本就无法存在于这样的世界观。但从一般人把世界当作一个空间连续体的想法来说，飞箭当然是会动的。当我们企图要从第一个世界观回答飞箭如何可能动的时候，这根本就没有答案。因为在那样的思考角度下，"动"是不可能的。

只要我们指出了这样的思考困局，问题就算结束了。但我们并没有针对问题提出任何正确或合理的解答，而是把问题的困局点出来，让问题不再是一个问题。

真正要问的是什么？

当我们问人生意义时，大多是在问"人生的目的"，而且这个目的不是自己定下来的，而是与生俱来就被赋予的。有些人主张："人必须活出自己的意义"，或是"人生的意义必须自己去决定。"这些回答事实上都偏离了重点。因为，在我们追寻人生意义时，必须先假设有一个与生俱来就被赋予的目的，否则就没有什么好追寻的。只有当这种目的不存在时，我们才需要自己决定意义，以及活出属于自己的意义。那么，如果我们认为真有这种天生就被赋予的目的，在这种情况下，我们自然会去思考"这个目的是什么？"在此之前，我们必须先思考另一个问题：即使有目的，是不是每个人（或至少大多数人）都被赋予相同的人生目的呢？

或许每个人诞生在世界上都被赋予相同的目的，就像佛教所主张的：“为了修炼成佛”。那么，每个人都有着相同的终点，我们便可以依据自己的经验去建议别人该如何面对生命，我们也可以听从对生命很有领悟的大哲学家（或是宗教大师）的教诲，来实现自己的生命意义。但是，万一每个人被预设的目标不太一样，每个人有着不同的生命目的，那么，当我们依据个人心得来指导别人如何追寻生命时，就会变得很荒谬，而把大哲学家们的理论当作个人生活的范本也一样荒谬。所以，在这种情况下，虽然我们还是可以给人建议，也还是可以阅读其他哲学家的理论，但这些都只能作为参考。真正重要的，还是要自己去寻找。

但是，怎么去寻找呢？我们最常见到的建议是：“去聆听每个人自己内心的声音吧！”当人们这么主张时，表示这种被预设的目的会在我们心中告诉我们。只要我们认真聆听内心深处，自然知道该怎么走。这是前人留下的知识。就像苏格拉底所说的，在他做任何重大决定时，如果是错误的决定，都会有一个声音阻止他，他称其为“精灵”（Daimonion）。但似乎不是每个哲学家都有这样的神秘经历。如果我们真的可以在个人心中发现这种属于个人生命道路的指引者，这自然最好。但如果模糊不清，或是难以辨识，也只好想想看是否有其他方法寻找属于个人的人生目的了。

只要时间许可，我们可以从前人留下的经验与理论中的一切可能方法，去寻找生命意义。这些方法大致上有三大类：思考、体悟以及等待天启。通过思考，寻找最合理的解答；通过对内心的观察，寻求体悟；与造物主对话，等待时机成熟时，自然打开灵性的智慧之眼，让真理直接贯通我们的生命。在这些方法并行的情况下，无论我们的人生目的是否和别人相同，大致上就无所谓了，因为这是通过自己寻找得来的。找到的如果和前人所说的一致，那很好。如果不尽相同，那表示或许不同人的人生意义不同。当然，无论是哪一个，我们还是必须不断地思考，“这是不是就是最终的解答？”

息息相关的问题

然而，我们还可以问另一个问题，“如果人来到世间真的被赋予一个目的，是不是一定要遵守呢？”就像苏格拉底可以听到一个声音指引他，那他可不可以不予理会？我们通常认为如果有这样的使命或是目的，那当然是要遵守了，但仔细想想，为什么？我们之所以认为要遵守，那是因为，去完成这个目的对我们有最大的好处。例如，像佛教所说的“解脱”，甚至是“成佛”，或像是基督教所说的“成为基督徒而回到天堂乐园”。在这个思考架构下，我们预设有“死后生命”的存在，也就是说，我们不仅仅是个工具，被利用来达成某些目的后就消失了，而是在此生结束后，我们尚有另一个阶段的生命，而达成此生目的对未来阶段的生命会比较好。基于这样的理由，我们最好能努力达成此生被预设的目的。

在这条思路上，人生意义的问题就会跟“是否有死后生命”的问题息息相关。这种死后生命的存在是否可能？如果真有，究竟是哪一种类型的存在？目前是否有证据可以证明或支持这种主张？当我们开始深入思考一个问题时，会发现相关问题会被牵扯进来。一步一步，我们将看到整个哲学思想环环相扣，当我们能够深入到某个地步，并且联结所有哲学系统时，整个思想的圆融度就会大增，更能评估任何一个处在没有确定性系统的想法，其可信度究竟到了什么样的程度。

然而，人生会不会毫无意义与目的呢？会不会没有任何预定的目标与方向？人类生命的出现会不会只是一种生物性的偶然，死后就完全消失了？在这种情况下，我们要把这一生都花在修行上吗？理论上我们不能排除生命没有特定意义的可能性，而且这或许更符合当今科学的生命观点。如果真是如此，我们该如何过生活呢？先让我们从这种被称之为“虚无主义”的主张，开始我们的人生哲学思考之旅。

07 虚无主义：人生没有意义

“虚无主义”认为，“人们在一生中所做的任何努力，都是没有意义的。”最能描述这种心境的是希腊神话中西西弗斯所受的处罚。他被要求必须把一块巨石推向山顶。但当他费尽一天的辛劳，推到山顶后，石头会自动滚下来，他就必须重新再来一次。日复一日，没完没了，所有的努力终将成为梦幻泡影，毫无意义。

除了神话，还有科学证据

生活在这个世界上，偶尔也会有类似的困惑，“现在正在努力的事情，无论是什么，究竟有什么意义呢？”有时我们会告诉自己，这是为了未来的快乐而努力的。但是，在享受快乐时，我们一样可以问，“现在正在享受的快乐究竟有什么意义呢？”这一切似乎都转眼成空。努力也罢，不努力也罢！究竟有何特别的意义与目的？也有人会说，这一切都是为了子孙着想，甚至为了未来万世万代的子子孙孙而努力。但是，子孙们未必买账，你再怎么努力，也不表示他们可以活得更快乐，人们总是习惯现有的，而期待没有的。而且，更糟的是，他们未必会和你一样为未来子孙着想，说不定下一代就立刻败光家产。就算你的基因良好，每一代都为下一代而努力，但这样的努力又有何意义？

> **TIPS 宇宙迟早会毁灭的科学理论**
>
> 根据热力学第二定律，宇宙的基本运作方向是朝向最大乱度，秩序会不断丧失。也就是说，宇宙演变的终点是所有物质结构完全随机散乱，所有能量完全转换成无法再回收利用的平均热度（亦即，熵值会不断升高）。在没有物质秩序与可用能量的状态下，生命不可能持续。另一种可能性是，当熵值到达某个点时，开始逆转（宇宙从膨胀改成收缩）。即使如此，所有物质将回归终点，集中涌入最终的奇点上。在这种情况下，生命也无法继续下去。

雪上加霜的是，科学告诉我们，这样的努力终将成空。因为，地球迟早会毁灭，宇宙也终究会崩解，没有任何生命能够永远生存下去。

那么，无论是为了未来子孙的努力，还是（以伟大胸襟）为未来人类的使命，都将成空。就像西西弗斯推大石头一般，努力有何意义呢？

虚无主义的两大来源

这种人生虚无感是造成虚无主义的主要来源之一。虽然，基本上没什么人喜欢虚无主义，但是，人们在这样的感觉上建立难以挥去的虚无梦魇。当然，大多数人不会这么简单地向虚无主义投降，哲学家们更是不会。即使有人生虚无感，我们仍旧努力寻找生命的意义。生命总是有着美好的一面，有着令人期待的惊喜，不是吗？正因不能填满内心像是无底洞般的虚无感，我们需要更强大的生命喜悦来完成生命意义的追寻。这就造成了虚无主义来源的第二个主要因素：找不到。

人生的虚无感促使许多人寻找生命意义，从询问别人到阅读书本，但是怎样都找不到答案。虽然告诉我们人生意义的书很多，但内容往往难以理解，不是说“不可说”、“无法说”，就是“说了也是白说”。就连被大众奉为经典的古籍都难以给我们一个满意的答案。这时，许多人的思考中会自然出现一个想法，“因为自己无法在书中或在任何其他地方找到答案，所以答案根本不存在。既然没有答案，这些不同答案的书都只是鬼扯骗人而已。”

这个想法不见得是错的，的确有此可能。不过其中隐含了两个谬误（似是而非的错误推理）。第一，找不到的不一定不存在。第二，就算真的没有（我们期待的）答案，这些古代哲人的说法也不一定是鬼扯骗人，因为“答案”可能有各式各样的种类，或从不同角度呈现出不同的样貌。

如果真的______，我们应该______

当然，更麻烦的还是，现代最令我们信服的科学，也无法让我们感觉到生命是有希望、有意义的。然而，虽然科学无法告诉我们人生的意义是什么，但也没办法告诉我们人生是没有意义的。我们只能说，科学目前还无法在人生意义的议题上给出任何解答，我们只能继续运用最原始的探索本能——思考，来寻找问题的真相。

当我们还没有任何关于生命意义的蛛丝马迹时，可以先问的一个问题是，“如果人生真的没有一个终极目的，或是在完全无法得知人生意义是什么的情况下，我们该如何度过此生呢？”简单地说，如果你希望获得最幸福美满的人生，那么，怎样的生活最幸福、美满与快乐？

08 享乐主义：活着就是要追求快乐

大约两千年前，古罗马时期的伊壁鸠鲁学派，提出一个到现代仍然吸引多数人奉行的想法：享乐主义。主张人活着就是要享乐，享乐的人生是幸福快乐的人生。

愚蠢与聪明的享乐主义

当我们看到“享乐主义”这个词，自然会想到那些每天吃喝玩乐的人，他们不工作、不打扫、不念书，自私自利不顾他人，每天只想着要快快乐乐、无拘无束的生活。这个想法的后半段是对的，享乐主义的确只想着要快快乐乐、无拘无束的生活，但前半段却未必。我们会有前半段的想法，是因为一般认为工作、打扫、念书、顾虑他人等等都是苦差事，所以，如果这些都不做、都不管，生活会更轻松愉快。而且我们认为吃喝玩乐都很快乐，如果每天尽情吃喝玩乐，生活一定很美好。

事实却未必。看看某些中了乐透彩的人，一夕致富，从此不再工作而尽情享乐，但他们的快乐往往只持续一段很短的时间，之后却痛苦万分。这种享乐主义可以说是盲目愚蠢的享乐主义，只顾虑眼前，没有思考后果以及内心更深刻的感受。

伊壁鸠鲁学派不反对吃喝玩乐，但必须要有节制，若无节制，反而带来痛苦。例如，当我们去吃自助餐时，很多好吃好喝的，都可以尽情享用。在最初的半小时，我们很快乐地享用着，但半小时后，如果还持续大吃大喝，其实已经感受不到吃喝的快乐了，只是误以为吃越多、喝越多就会越爽。如果一个小时后还没停止，恶心想吐等不舒服的感觉将会接踵而来，甚至回家后还要忍受肚子疼甚至腹泻的痛苦。这样的经验许多人都有，但有一次就够了。我们如果能够通过一次的教训就了解到这种现象，开始学习节制，半小时的吃喝享受，然后停止，那么我们就可以既享乐又没什么负担，这才是聪明的享乐主义。

有人认为，才吃半小时太不划算了，应该吃多一点翻本。这样的思考却是本末倒置的。我们去餐厅吃饭主要目的是享受美食，而且不管吃多吃少，既然付出的金钱是一样的，如何翻本呢？又不是吃的越多就可以付的越少，所以无论怎么吃，事实上都无法翻本。翻本的想法，只是一个以为花一样的钱却吃很多是赚到了的假象。这种观念，必须在吃更多则得到更多的情况下才有意义，否则，当吃越多反而越不舒服时，花钱成了受罪，怎么会值得呢？

所以，作为一个聪明的享乐主义者，不能只看到眼前的快乐，还必须顾虑其后果。工作、打扫、念书、顾虑他人也是一样。虽然过程本身不快乐，但是其事后所得的快乐大于过程的不快乐，而且只要养成习惯，也可以让过程的不愉快降低，那么人生自然就更快乐了。当然，如果你的工作完全不是自己想做的，过程让你痛苦万分，收获相对较小，此时要是不工作也不会饿死，那么，伊壁鸠鲁学派不会认为你应该勉强去工作。凡事以享乐为基础来思考，过一个最快乐的人生，这就是伊壁鸠鲁学派认为我们应该过的人生。

谁的人生过得符合享乐主义？

从近代人物来看，最符合享乐主义的，大概算是哲学兼文学家林语堂先生。他崇尚生活的艺术，并且认为“人生的目的就是去享受人生”。他抽烟、喝酒、喝茶、爱和朋友聊天，认为享乐也不用去分精神与肉体，讨厌那些古板的假道学。“绅士演讲，应该像女人的裙子，越短越好。”这句常被许多人套用的名言，就是他发明的，那是在一个毕业典礼场合上，针对那些爱啰唆（害他等得不耐烦）的人讲的。

他认为许多事情让这世界变成一个不快乐的世界。我们的生活太复杂、学问太严肃、哲学太消沉、思想太纷乱，要解决这样的困境最需要一种“幽默感”。幽默感就是最高智慧的心境，让我们从不同的角度，看见事物美好有趣的一面，在大家都感到愤怒、灰心、满腹理想追求改革的时候，莞尔一笑。笑出一个惬意、愉悦的人生。在林语堂先生的心目中，中国历史上，陶渊明是最懂得生活与享乐的人物。

陶渊明过着愉快的田园生活，不愿做官，没有任何名利权位，但当时仍有好多名士想跟他认识结交。他却没什么兴趣与名士打交道，也不喜欢社交。不过他爱喝酒，只要有酒喝，就可以开开心心跟人聊天，连道士、和尚都喜欢他。其中，一个很著名的故事是说：他（算是一个儒者）和道士与和尚三人一起聊天，聊完后和尚送着两人离开，一路送下来不愿道别，就这样不知不觉过了那个和尚发誓绝对不走的桥，过了以后，三人回头望着桥，又互相看着对方，随后一起大笑。这一笑，笑出了著名的《虎溪三笑图》，也成为在人生智慧中，无论是儒、道、佛，一种最享受生活的生命典范。

09 禁欲主义：禁欲才能获得最好的生命

享乐主义认为，最幸福快乐的人生就是去满足各种欲望，而且尽量减少在满足欲望的过程中所造成的痛苦。但是，一样在两千年前古罗马时期的斯多葛学派却有完全不同的看法，认为各种欲望是痛苦的来源，如果能够没有欲望，就是最幸福快乐的人生。如果欲望难以根除，至少不要跟随欲望。

的确，人生许多痛苦都是欲望造成的。举例来说，当我们爱上某个人，如果那个人并不爱我们，这样的爱欲将带来痛苦。还不如一开始就不要认识，或是不要放纵自己的爱欲，这个痛苦就不会产生。现在许多年轻学子想拥有最新款智能手机，一旦无法获得，就会很不快乐，还不如一开始连想都不要去想。有了欲望又得不到，的确是痛苦的事情。而且，我们也很难满足所有的欲望，就算现在所有欲望都满足了，人性总是会想要更多，产生越来越多的欲望。

苦的根源是什么？

我记得在学生时期，很想有辆摩托车，有了摩托车之后，看到有些同学开车便很羡慕，期待随便有辆车就好。那时我认为自己的欲望很低，不会想要开奔驰、宝马或是开跑车，但是现在有了车之后，开始羡慕别人有好车了。我们的欲望似乎是无穷无尽的，满足了一个，会衍生另一个，没完没了。所以，迟早会遇到无法满足的欲望，那么痛苦一定会来临。

这个苦的根源是因为有想要而不可得的东西存在。虽然我们无法阻止它的存在，但至少可以让自己一开始就不要心存想得到它的欲望。如果把各种欲望降到最低，就可以避免许多痛苦，过一个平静而愉悦的人生。这就是“禁欲主义”的主张。

在台湾，许多出家人过着禁欲主义的生活。这样的生活平静、愉悦、怡然自得，在宁静中修道，期望参悟真理。但这种生活并不容易，尤其许多欲望很难抑制，有时越抑制反而越强烈。走这条生命道路，除了需要过人的意志力与决心之外，还需要许多方法协助自己，不让强烈的欲望干扰生活，否则心不但不能静，反而会更乱。下次遇见出家人，请给他们多点敬佩与鼓励的眼神，因为这是一条艰苦的道路。当然，若走得好，或许真的会比享乐主义更怡然自得，更幸福快乐。

10 幸福来自于德性

古希腊时期哲学家亚里士多德主张，幸福来自于德性。最幸福快乐的人生就是充满德性的人生。

现代人看到这个说法时，大概会觉会得不舒服，心里想："少骗人了！又在鼓吹道德！"的确，这个时代鼓吹道德的宣传实在太多，而且鼓吹的人还可能是最没道德的，这怎么能不引起人们的反感呢？然而，当我们在做哲学思考时，必须有能力先把各种无关的情绪放到一边，就算当代"道德"被滥用了，也不表示这是个坏东西，所以我们必须用理智重新看待它。

"德性"与"道德"的不同

事实上，"道德"这玩意儿感觉上比较像是给自己找麻烦的东西，当我们遵守道德的同时，万一别人不遵守，不就吃亏了吗？在这种情况下，如果一直吃亏，怎么可能会是一种幸福人生呢？许多人说，"吃亏就是占便宜"，那让说这句话的人吃亏给我占便宜好了。如果你有这样的想法，不用感到不好意思，这很正常，很符合人性。通常，若不是给道德图腾冲昏了头，大概都会有这样的观点。然而，这里所谈的道德，和现在要讲的幸福要素——德性，有些不同。我们先来区别这两者。

我们在日常生活中谈论到“道德”时，通常指的是“遵守道德规范”。例如，“不要乱丢垃圾”或是“不要欠钱不还”。但是，“德性”不是在说这个东西。德性指的是一种会引发道德行为的某种内心性质，例如，有爱心、很勇敢、容易宽恕别人。有德性的人依据内心特别的性质，容易自然而然产生道德行为，这里就没有遵守或不遵守的抉择。即使没有任何道德规范的约束，有某种德性的人通常会做出该德性关联的行为。例如，对于具有爱护小动物德性的小朋友来说，即使不特别教育或强制应该爱护小动物，他也会这么做。

一个遵守道德规范的人和一个有德性的人所表现的行为也许完全相同，但是可能有着差异很大的内心世界。以宽恕为例，当小花不小心把小明的果汁打翻了，遵守道德规范的小明听了妈妈的话，“不可以对同学生气”，因此，即使小明心中非常生气，却为了听话而尽量压抑下去，甚至表现出没关系并且说出原谅别人的话，但心中完全没有原谅别人的想法。这是一个单纯为了遵守道德规范的人所表现出的“宽恕”行为，其内心并没有宽恕的心灵状态。然而，一个有宽恕德性的小明可能打从心底不生小花的气，并且真正原谅别人，不需要压抑任何情绪，这种情况显露出一种特有的品质——“宽恕”的德性。当然，通常人们不会极端地有宽恕之心与完全没有宽恕之心，大多只在于程度的差别。

为什么“德性”能够带来幸福?

当我们觉得道德让人吃亏时，心中所想的道德指的是“遵守道德规范”，即使不想遵守，也勉强自己遵守，然后咬着牙看别人占自己便宜。礼让车位的人就没位子可停；塞车时常常礼让别人的，就卡死在那里别想动了；不去跟人要债，欠的钱就永远拿不回来。类似的状况常常在生活中上演，在这种情况下，谁愿意当个有道德的冤大头呢？鼓吹大家有道德或许可以减少社会纷争，对大家都有利，所以我们都鼓吹别人要有道德，自己却看心情而定。事实上，尽管鼓吹要有道德，大家也不会这么容易就全盘接受。一个道德规范若不能普及化，成为一个社会文化、人人理所当然的遵循，那么它的作用就会很低，甚至会增加更多社会纷争。所以，做一个遵守道德规范的人，最可能的下场就是很不快乐。我们也很难想象，一个人如何能训练到，在一直被人占便宜、吃亏的情况下，还能感觉生活很幸福。这当然不是幸福人生的选项。

那么，为什么当一个人具有德性之后，生活竟然可以是最幸福的呢？那是因为，有德性的人在心态上是自然而然想去做，而不是勉强自己去做。举例来说，有些人喜欢拿食物给可怜的流浪动物吃，看着他们满足地吃着食物，心里感到很开心。但是，这些人却吃亏了。流浪动物问题应该是所有人的责任，为什么要我花钱呢？如果我们把“人们应该买食物喂可怜的流浪动物”当作一个道德规范，对一个不想遵守而强迫自己遵守的人来说，就会有这种吃亏的感觉。久而久之，就不想遵守了。但是，对于那些能够在这种付出中获得喜悦的人而言，由于具有这种德性，所以他们完全不会介意（甚至想都没想到）这样的吃亏问题。

有德性的人内心自然有一股动力想要去做一些有道德的事情，就像有些人很喜欢帮助别人，因为他们觉得帮助别人很快乐。只要一个人会自然而然地关心别人的感受，会因为自己做出一些事情，让别人快乐，也让自己感到快乐，这样的人就是有“乐于助人”的德性。否则，若只是遵守“应该帮助别人”的道德标准而帮助别人，有时反而会不快乐，觉得自己因为帮助别人而失去了一些东西，或是难过为什么没人来帮助自己。两者主要的不同在于，遵守道德规范的人在做道德行为时，内心未必有助人的动机。

其他像是具有“勤劳”德性的人，对于工作多不会感到厌烦；具有“爱干净”德性的人不会排斥打扫，能享受干净的生活环境。此外，“诚实”德性受人信赖；“公正”德性受人景仰；具有“节制”德性的人不会纵容欲望，因此比较不会得罪人、不贪婪，也容易获得身心健康。而一个具有“宽恕”德性的人较容易原谅别人，不会一直想着别人的恶，放下了仇恨之心，自己也获得解脱，享受自在愉悦的生活。

当一个人具有各种德性时，他的生活将会充满快乐，而且比一般人减少很多的烦恼。台湾社会中有许多很有德性的人，看看医院的义工，他们很乐意协助需要帮助的人，脸上充满笑容，服务态度通常比拿薪水的员工还要亲切。从一般的社会标准来说，他们吃亏了，但是他们感到幸福、快乐。看看卖菜的陈树菊女士，她把大部分辛苦所得捐给慈善机构，自己过着清苦的日子，但是她总是充满笑容。反过来，看看有些从不愿意让别人占便宜的大财主，虽然拥有很多，但生活并不快乐。

德性是一种内心的习惯

这跟一般的认知不同，我们一直以为，拥有越多的人，生活越快乐，但实际上并非如此。当然，反过来说“拥有愈少，愈快乐”，这也是错的。许多人每天怨叹自己的不幸，这也很不快乐。重点并不在于拥有多少东西，而在于内心是否拥有各种德性。当自己心里不愿意时，刻意捐钱给慈善机构也是没用的，一样会觉得自己是吃亏的一方，或是自认为很了不起而骄傲自大。重点在于，内心是否想要这么做，能否在这样的道德行为中感到喜悦。

既然德性能够带来幸福，那么，我们要如何培养自己的德性呢？亚里士多德认为德性是一种习惯的养成。例如，当我们习惯性地用公平的态度处事，久而久之就养成公平的习惯与德性；当我们常常勉强自己去原谅别人，我们就逐渐养成了宽恕的德性。

但要注意的是，这种习惯是内心的习惯，而不仅仅是外在行为的习惯。例如，想要培养爱干净的德性，需要时时清理“不喜欢”的脏乱，然后“满足于”干净的环境。如果完全没有心理上的配合，纯粹只是打扫的行为，这是没什么用处的。建议学生在学校打扫时，先体会一下环境脏乱的不舒适，然后一番辛劳之后，好好享受地观看一下干净整洁的环境。“看！我把环境整理得这么令人愉悦！”这样的做法，有助于培养喜欢把脏乱弄干净的德性。有了这个德性之后，整理家园（甚至公共场所）会变成一项愉快的工作，而不再是负担。

儒家哲人认为某些德性（尤其是那些最重要的德性）属于人心内在的天性，我们天生有孔子说的“仁心”，有王阳明说的“良知”，有孟子所谓的“四端之心”（恻隐之心、羞恶之心、辞让之心、是非之心）。当我们移除各种心理障碍而发挥这些天性时，德性自然就会显现出来。

不管哪一种方法比较正确，我们都可以去尝试，至少它们不互相冲突，只要德性能建立起来，人生就能更幸福。

11 如何克服对死亡的恐惧?

无论如何追求幸福，我们还是会遇到各种不快乐的事情，而其中最大的隐忧，就是死亡。所以，在人生哲学中，“如何面对死亡”成了一个很重要的课题。

从理智到情绪

伊壁鸠鲁学派提出一个论证，认为从理智的角度来看，死亡一点都不可怕。如果认为这样的论证有说服力，至少可以在理智上先消除对死亡的恐惧，再慢慢消除情绪上的恐惧感。其论证大致如下：

（1）还活着的时候，死亡尚未来临，跟我们无关，无需恐惧。

（2）死的时候，已经不再存在，没有感觉，更与我们无关，何来恐惧。

（3）因此，死亡是一件和我们毫不相干的事，对死亡的恐惧是非理性的。

这个论证指出了对死亡恐惧的荒谬性。但有人说，这个论证只是指出对死亡本身的恐惧是不理性的，但事实上，人们对死亡的恐惧是害怕那个死亡的过程。但这说法很奇怪，既然对终点不恐惧，为什么要对过程恐惧。理由可能是，对死亡前的痛苦感到恐惧。也就是说，恐惧的是痛苦，而不是死亡。真的是这样吗？其实不然。我们的确会对痛苦感到恐惧，那与对死亡的恐惧不同。为了说明这点，我们可以来做一个思想实验。

TIPS **什么是思想实验？**

思想实验，指的是我们用想象的方式做实验，而实验结果自然也是用想象的方式获得。当然，实地做实验所产生的证据，自然比想象实验要更有说服力，但是并非所有的实验都可以在现实中完成，有些只能靠想象力来进行。而且，有些实验只要想象就够了，也不太需要真正去做。在这种情况下，我们就会用这种思想实验来获取证据。

例如，近年来很著名的电车实验。假设你是一个电车驾驶员，你发现前面有五个工人在铁轨上睡着了，而你的刹车却出现故障。你可以选择换个车道，但另一个车道睡着一个工人，这时你是否要选择换车道而导致杀一救五的后果呢？

我们可以让人用想象的方式来做选择，不用实际经历这样的事情，然后统计出有多少人会选择杀一救五。这当然只是想象，如果实际上去做是不是真的有这样的比例，还是很难说的。但总有某种程度的参考价值。

这种实验方法不仅用于哲学上，科学家有时也会依赖这样的实验方法。像爱因斯坦就常用思想实验来讨论物理学问题。

关于死亡的两个思想实验

这个思想实验如下。医生告诉小王，说他已经没办法救治了，大概过几天生命就会结束。这时，小王可能会感到很恐惧，因为要面临死亡了，而且还要面临死亡前的痛苦。在这种情况下，或许不清楚小王的恐惧究竟是来自死亡本身，还是死亡前的痛苦。假设，这时在小王的床前出现一个天使，天使说对他说："不要害怕，虽然医生说的都是对的，但是死后我会来接你。”在这样的情况下，小王的恐惧感是否大幅降低了呢？应该会吧。依据有类似经验人的反应，在感觉到或甚至只是梦到类似情节时，对死亡的恐惧感大多降低，甚至会到完全消失的地步。

从这个思想实验来看，我们对死亡本身的恐惧超乎对死前的痛苦。甚至当我们不再担心死亡时，根本不太在意什么死前的痛苦。那么，依据伊壁鸠鲁学派的论证，既然在理智层面，我们实在没有什么理由害怕死亡，那情感上对死亡的恐惧究竟从哪里来？

许多人认为，人们之所以对死亡感到恐惧是因为对死亡一无所知，我们习惯性地对未知事物感到恐惧。但这个说法很有问题。虽然人们的确对未知事物感到恐惧，但恐惧感基本上不太强，而且通常会伴随着探险般的兴奋感。我们可以用另一个思想实验来说明这样的现象。

假设在我们前方出现一扇门，这扇门会通往世界的某个角落，但我们不知道它通往哪里。在这种一无所知的情况下，当我们踏入这扇门时，的确有一点恐惧，但兴奋、好奇的心理更强烈。或许有人会说，那是因为我们对整个世界有大致上的理解，所以不会害怕。那么，假设这扇门将通往另一个我们完全不了解的平行世界，虽然还是会有些恐惧，但其恐惧感和对死亡的恐惧感完全不同。所以，用“对无知的恐惧”来描述大多数人对死亡的恐惧是不适当的。那么，人们为何这么怕死呢？

其实，这种恐惧多半来自于社会大众的集体误导。社会整体把死亡当作一件很可怕、很糟糕的事情，而活着是最好的事情。这样的观念在社会上蔓延，从电视剧、小说、人们之间的言谈，都充斥着这种想法，我们从小被洗脑灌输这样的观念。这么一来，人们还能不畏惧死亡吗？但是，当我们打开理性之光仔细想想，为什么死亡是一件坏事？其实我们对死亡一无所知，根本无从判断是好是坏。如果站在中立的角度看待死亡，虽然还是有一点恐惧盘踞心头，但不会这么强烈地排斥它，甚至会以一种冒险的心情面对。如此一来，死亡将不再带给人们这种深度的恐惧。

贪生怕死是不是一种迷惑？

庄子在《齐物论》一文讲到，我怎么知道贪生不是迷惑呢？我怎么知道怕死不是像幼年流落在外而不知返乡那样呢？庄子举例说，丽姬是艾地边疆官的女儿。晋国国君要迎娶她的时候，她哭得眼泪沾湿了衣襟；等她进了王宫，与晋王同睡在舒适的大床上，一起吃着美味的大餐，这才后悔当初不该哭泣。那么，我们怎么知道死去的人不后悔自己当初的努力求生呢？

庄子用类比的方式说明我们对死亡的恐惧也可能像这样。虽然无法确定死亡是件美好的事情，但又如何能确定是件坏事呢？

也有人认为，怕死并不是害怕死后有什么坏事发生，而是担心死后就永远消失了，害怕完全没有死后的生命。然而，这个想法就符合了伊壁鸠鲁学派的主张，如果死后人消失了，那死亡就跟我一点关系都没有了，没什么好怕。就算是一种害怕未来会消失的恐惧感作祟，我们又何必在活着的时候担心呢？何况，谁知道死亡究竟是怎么一回事？这种理智上的推理，相当程度给了我们不用害怕死亡的理论依据。不过，人们不会因为这些理智上的理由就立刻消除恐惧，通常需要重新思考一段时间后，理智才能渐渐抹去过往长时间情绪制造出来的阴霾，让我们的人生逐渐脱离死亡阴影的笼罩。这样才能在不知道人生有没有意义的情况下，追求一个更幸福、快乐的人生。

12 神的存在问题

神存在吗？凡是在讨论任何东西是否存在，以及其存在本性为何的理论，在哲学方面都归属于“形而上学”（metaphysics）或称为“本体论”（ontology）的领域（这两个词在中古时代的哲学中意思不太一样，形而上学包含了本体论与宇宙论，但在天文物理学发达之后，宇宙论就归属于科学，所以当代的形而上学实际上就等于是本体论）。但这个问题和人生意义的问题息息相关，也可以归属于人生哲学的范畴。

这个问题对人生的重要性何在呢？我想，虽然许多人不喜欢讨论神的相关问题（可能大多是因为对宗教的排斥感），但大概很少有人会去否认，这个问题与人生意义大有关系。如果神存在，人生很可能是有意义的；如果神不存在，人生很可能没有什么特殊意义。而且，神存在或是不存在，对我们的人生方向的选择有很大的参考作用。

例如，如果《圣经》所说的神是存在的，大家都应该好好读《圣经》，并且遵循神许下的人生道路。如果存在的是道教或是佛教的神，像是玉皇大帝与地藏王菩萨，那么大家千万别做坏事，以免堕入十八层地狱，永不超生。

先定义再讨论，还是先讨论再定义?

虽然神的问题事关重大，但大多数人对思考这个问题，通常没什么兴趣。理由其实也很简单，因为这个问题属于没有确定性系统的问题，光靠思考不太可能有一个确定的答案。既然没有确定性答案，就不用浪费脑力去思考了。

然而，这样的想法是错的。哲学思考有可能在不确定性系统中寻找最大可能性，哲学论证有可能提升或是降低神存在的合理性，如果我们能够经常靠向最合理的解答与决策，成功的机会就会越高。

不过，每当有人在网上讨论神的问题时，最常看见的一个争议是，“先把神定义清楚再说吧！”从一般人习惯的思考方法来说，这个建议很好，如果没有先定义清楚，大家的定义都不同，根本无法好好沟通。但是，这样的讨论方式也是一种限制，尤其针对这种本来就不容易定义的概念，有可能定义的第一步就充满争议，根本无法讨论下去，因而错过很多精彩的论证。

但是，不先定义要怎么讨论呢？这也是哲学思考方法的好处之一，不先定义没关系，可以先提论证，再思考在什么样的定义下，这个论证可以行得通，同样可以达到目的。哲学思考可接受各种不同的讨论顺序，先定义、后定义，只要能避免鸡同鸭讲就好，针对不同类型的问题，可以有不同的讨论方式。那么，我们来看看，过去的哲学家们在神的问题上，留下哪些值得我们好好思考的智慧遗迹。

13 阿奎那的宇宙论论证

在西方中世纪，属于天主教最兴盛的时期，也是神学最热门的时期。人们生活在那个时代，会自然而然地认为，除了神学之外，其他学问都属次要。而且，在神学方面，最强调的是信仰，而信仰未必需要理智的协助，所以，理性思考在那个时代并不受到重视。也就是说，在古希腊时期推崇理智追求真相的传统，在中世纪并未延续下去。当研究主题可能对神学提出挑战时，还会受到歧视。这在人类科技文明发展上或许是件坏事，但活在当时的人们会不会由于生活单纯，又有着坚定的信仰而比较快乐呢？这还有待研究。不过这类研究应该会遭遇很大的困难。连比较现在与二十年前谁比较快乐都很困难了，更别说要跟一千多年前的人比了。

中世纪到了尾声，或许是由于罗马教廷的影响力降低，违背神学的思想开始蔓延，人们对神的信心也逐渐动摇。纯粹诉诸（不用思考的）信仰的生活方式，也遭遇挑战。因而出现“理智也可以协助信仰”的主张。

13 世纪哲学家阿奎那（Thomas Aquinas, 1225—1274）认为，这个世界既然是由神所创造，我们便可以借由神创造的世界里所观察到的蛛丝马迹，来反推神的存在。这种推理方法所产生（针对神存在）的论证，一律称为“宇宙论论证”（意即由观察宇宙来推论神的存在）。阿奎那提出五个论证，这里只针对前两个来谈，因为后三个对现代人的说服力比较低，较不值得讨论。

“第一原动不动者”的论证

第一个论证称为“第一原动不动者”，也译作“不动的推动者”。当我们观察世界，会发现许多东西在动，而且我们也会发现，这些在动的东西都必须被另一个动的东西所推动，在这种情况下，我们可以一直追问下去，究竟是哪一个动者在制造动。这时，我们可能会遇到的情况有三种。第一种是无穷无尽地追问下去，没完没了，没有一个开始。第二种则是循环影响（像是A被B推动、B被C推动，而推动C的却是A）。但感觉上这两者都是比较不合理的，难以想象那是怎么一回事。比较合理的情况则是，我们发现有一个源头，有第一个开始动的，而且这个动并不是被别的东西所推动（否则又要继续追问下去了）。因此，这个比较合理的思路告诉我们，存在有“第一个开始动而且又不是被推动”的事物，简称为“第一原动不动者”。那么，什么样的事物有可能成为这样的存在呢？由于此性质超越了一般物质与生物的能力限制，因此，最好的答案是“神”。所以，借由这种对世界观察的推理，我们发现神的重要属性之一，通过这样的发现，我们更可以肯定神的存在。

这个论证或许对当时人们所具有的知识能力来说，有很高的说服力。但对现代人来说，说服力可能较低，因为，现代科学告诉我们，宇宙的一切开始于大爆炸。所以，一切的动都起源于大爆炸，而不是神。

但是，这个否定的理由不好，因为，从阿奎那的角度来说，我们所谓的大爆炸也可以是神的重要属性之一。这里面的争议点在哪里呢？让我们先看看第二个论证，因为问题很类似，而且第二个论证更容易指出这个争议点。

“第一因”的论证

阿奎那第二个主张神存在的宇宙论论证称之为“第一因”的论证。借由对世界的观察，我们发现（或觉得）任何一个事件的发生皆有其原因，而该原因的发生也有其原因。如果一直追问原因，我们一样会遭遇到三种可能性，而前两种无穷无尽与循环影响都不合理，因此，我们一样认为最合理的解答是有一个开始。这个开始是一切事物发生的原因，而且，它自己却不是任何原因的结果，这个东西称之为“第一因”。阿奎那认为这个第一因也显示了神的存在特质。

当然，以现代科学来说，要说明这个第一因，也不用假设神的存在，我们只要用大爆炸就可以解释了。无论是“第一原动不动者”，还是“第一因”，它们其实都是宇宙起源的大爆炸。

这样说感觉上比较科学，但是，让我们仔细考察这个科学主张。这个作为宇宙起源的大爆炸为什么可以是第一因呢？也就是说，为什么大爆炸的发生可以没有原因？基本上没有任何科学可以说明这件事，最多只能说，因果律（凡事必有因的法则）是大爆炸之后才发生的，大爆炸之前根本没有所谓的因果律，所以，大爆炸本身不用遵循因果律。

这样的说明就像科学在解释“时间”一样。当有人问大爆炸之前的宇宙是怎样时，科学家们可以回答，没有所谓“大爆炸之前”这种东西，因为时间是大爆炸的产物，所以只有大爆炸之后，没有之前。大爆炸作为一个时间的开端，这在当代爱因斯坦相对论时空观的架构下是可以理解的说法，因为时间可以视为一种特别的空间向度，而整个宇宙时空，都是在大爆炸所造成的膨胀中开始出现的。然而，类似的说法却很难套用在因果律上。

“大爆炸”与“因果律”

“因果律”是什么？为什么大爆炸能够创造这个东西呢？无论是科学或是哲学，我们完全无力回答这个问题。也就是说，用大爆炸理论来说明第一因，比起阿奎那用神的属性来说明第一因，实际上并没有好到哪里去。针对“第一原动不动者”的说明也是一样，我们无法解释为什么这个大爆炸可以没有推动者，这里面充满了“谜”。

而这样的谜，由我们根本不了解的力量所造成。既然当今科学完全无法说明清楚，那么为什么不会是一股神秘不解的超越界力量所造成的呢？当然，事实不一定就是如此，阿奎那的论证也不是真的能证明神的存在，但是能让神存在的可能性提高许多，成为一个值得参考的观点。

14 安瑟伦的本体论论证

11 世纪哲学家安瑟伦（Anselm of Canterbury, 1033—1109）提出了第二种关于神存在的论证，这个论证是从“神”的基本属性来主张神的存在。“本体”这个词是指“存在的基本属性”，因此这样的论证就可以称为本体论论证。

神是包含一切的吗？

由于本体论论证是个比较奇怪的论证方式，我们很难从其论证本身找出其确切的推理过程，因此，有很多种不同的解读版本。对现代人来说，比较合理的论证解读方式如下：“神是包含一切的，包含一切的当然包含存在，既然神的属性包含着存在，那么，神当然就存在了。”

由于在我们的认知中，神的基本属性之一就是“包含一切”（或者说是包含一切好的、完美的事物）。而且这个一切不仅仅针对物质世界，也针对观念世界，也就是我们思想中各种用来思考的概念，而“存在”是观念中的一种，所以，从这个属性去推测，神当然就是存在的了。

从这个角度来看，当我们问，“神是否存在”时，就像是在问“红花是不是红色的”一样荒唐，红花当然是红色的，不是红色的就不叫作红花了。神当然也是存在，否则他就不叫作神了。既然神不可能不存在，那么，神当然就是存在的了。

当人们第一次看到这个论证时，可能会有一种晕头转向的感觉，看起来好像有点道理，可是不管怎么想都像是个诡辩。怎么可能就这么简单地证明神存在了呢？如果有这样的感觉，表示大脑的侦错感觉良好，这个论证当然是有问题的。（读者可以先自己想想看，问题是在哪里。有想法后再继续往下读。）

是否有最大的事物存在？

依据这种对神的定义，神既然是包含一切的，他自然就包含存在了，因此在这个定义下再问“神是否存在”就很荒唐了。这个推理是没问题的，但是我们可以问，“是否真的有任何事物可以包含一切？”这个问题也就是在问，“包含一切”是否可以成为某个存在物的基本属性？另一种问法则是，“我们为什么可以这样定义神？”如果我把魔法师的水晶球定义成能够包含一切的东西，那么这个水晶球是否就一定存在了？

所以，真正的问题点在于，“是否有一种可以包含一切的存在体呢？”针对这样的问题，另一种本体论论证的解读就派得上用场了。“一定存在最大的事物，最大的事物必定包含存在，否则，他就不是最大的，因此，最大的事物必定存在。而神就是这个最大的事物，因此，神存在。”

在这个论证中，请不要把“最大的事物”想象成一个体积庞大的东西，不是这个意思，而是针对无论是实体事物，或是观念世界的事物（尤其是那些属于完美性质的观念）整体来说最大的。在这样的定义下，最大的事物当然是存在的，而且最大的事物如果不包含存在，那么，他就不足以称为最大的事物了。这些应该都没什么大问题。但问题在于，就算神是这个最大的事物，我们也只能说，有个很大很大的东西叫作神，这并不表示神还有其他我们期待的特质，像是关心、爱等等。是这样吗？

不是的，神当然包括了关心、爱、善、美等等特质。因为，我们所谓的“最大的东西”是包含各种观念的，所以这些都会包含在内。这时我们可能心里要反弹了，包含这些观念有什么用呢？有这些观念并不表示真的具有这样的特质，否则，每个人都是神了。因为每个人都具备这样的观念，不是吗？

柏拉图的“理型界”

对于现代人来说，这样的解读是很正常的。但如果只是这样，这个本体论论证就没什么好谈的了。这里我们必须走进另一个哲学世界，在那个哲学世界中，这个论证会变得很不一样。这个哲学世界称之为柏拉图的“理型界”。

TIPS **柏拉图的理型界理论**

柏拉图（Plato，423BC—348BC）是古希腊哲学家苏格拉底的弟子。在那个时代中，他们遇到一个哲学问题：“我们怎么可能学会各种抽象的观念？”例如，我们从没见过完美的圆形，为什么我们具有完美圆形的观念（现代人比较喜欢称之为“概念”）？或者，我们具有“三角形”这样的观念，可是，这个世界上却没有任何一种形状可以完全符合这个观念。因为，这个世界上真实存在的三角形有很多种类，有大、有小，还有直角、锐角、钝角，而这个概念却可以包含全部，那么，这个概念究竟怎么来的？

现代认知心理学的回答是，我们具有一种统合的能力，可以把不同事物的相同处抽取出来，然后形成一个概念去把握它。那么，我们就具备这种类型的概念了。这个解释很好，但是，我们完全没有任何脑科学证据可以支持这样的说法，这种抽象机制在大脑中是如何运作的呢？当然，我们可以尝试建立一套运算法则来说明它如何可能，却不能确定大脑真的是这样在运作的。我们目前只能说，这样的解释是比较合理的。的确如此，这样的解释感觉上比较像是对的，只不过，在没有实质证据出来之前，它始终只是一个合理的解释，我们还必须考虑其他合理的解释。

柏拉图则认为，我们不可能学会从来没见过的东西。这个主张是个关键的争议点。这不同于当代科学的解释。当然，或许这个主张目前说服力较低，但并不表示它一定是错的，因为，目前我们也还没有足够的经验证据主张，大脑真的可以凭空学会从没见过的东西。那么（做哲学思考偶尔得冒一下风险，否则，就进不了浩瀚的思维世界了），让我们先假设万一柏拉图是对的，会有什么趣事发生呢？有的，如果在这个争议点上，柏拉图是对的，那就好玩了。

既然我们不可能学会从没见过的东西，那么，这些关于完美圆形和三角形的观念是怎么来的？答案当然就是“与生俱来的”。既然是与生俱来的，我们就可以很合理地推测，在此生之前，我们见过这些观念。

这个结论不仅告诉我们生前的生命存在，也同时告诉我们，有一个所有观念都实际存在的世界。这个世界称之为“理型界”（有时也被翻译为观念界），而在这个世界中，各种观念是真实存在的，有真正完美的圆形，有真正的三角形，甚至也可能有真正的桌子、椅子，甚至还有关心、善、正义等等。这些都实际存在于观念界之中。我们由于先在观念界认识了这些事物，所以在此生才能借由这些观念认识其他不完美的事物。这也是柏拉图所谓的“知识即回忆”的理论。

你期待寻找怎样的神？

如果柏拉图这个想法是对的，也就是真的有理型界的存在，让我们重新看看这个神存在的本体论论证。如果存在一个包含最多事物的东西，而这个事物自然不会是只存在于人世间的，一定也同时存在于理型界，那么，这一个最大的事物不仅包含着存在，也应该同时包含着关心、善、爱等等属性，作为一个我们心中一般定义下的神来说，是毫不逊色的。因此，这个论证也在某种程度上，针对神的存在问题找出了一个更合理的理论依据。如果你信奉柏拉图思想，你会觉得这个论证有着较高的说服力。然而，这个论证的缺点也在此，如果你不认同柏拉图，这个论证的说服力就会很低了。所以，说服力常常没有一个客观标准，要看你站在什么样的世界观解读一切。这也是在没有确定性的系统中思考的一个特色。

另外，也有人把这个论证解读成“神是最伟大的，而最伟大的必然包含存在，否则他就不是最伟大的了。因此，神存在。”依据这样的解读，这个论证在逻辑上很有说服力，但问题在于，究竟最伟大的存在者是谁呢？对一个国家来说，最伟大的可能就是总统吧。对全宇宙来说，最伟大的或许是星际联邦主席（如果真有这样的组织的话）。如果我们想要称呼他为神，或许他不会反对。但这样的神即使存在，也不是我们期待寻找的神了。

15 恶的难题

在西方传统中，把神定位成全能与全善，也就是一个无所不能又心地善良的存在者。针对这样的定义产生了一个疑惑，为什么“邪恶”一直持续不断地存在呢？

全能全善的神是否不存在？

在古代，人们认为一切的恶事，像水灾、风灾或旱灾，都是由一股邪恶的力量所引起。所以，既然神全能全善，为何不去扑灭这股邪恶的力量？通过这股邪恶力量的存在，我们便可推出，“全能全善神是不存在的。”这或许能解释为什么在古希腊神话中，神都有其私心，虽然能力很强，但并非全善；或者心地非常善良，但能力有所不足。

到了现代，我们不再认为这些恶事是由邪恶的力量引起，但是它们依旧是恶事。经常可以从报道中看到，在世界各地救灾的宗教团体志愿者们，或是在灾难现场努力救人的工作团队，尽了最大力量救援，这时我们一样可以问，为什么全能全善神不出一点力呢？或者，为什么不一开始就让灾难不要发生？既然恶事不断发生，这就表示全能全善者不存在。我们以论证形式重新表达如下：

（1）全能神有能力消弭恶事。

（2）全善神会想要消弭恶事。

（3）恶事继续存在。

（4）所以，全能全善神不存在。

这个论证表面上来看只是针对基督教的全能全善神，但实际上不然。在佛教中，我们常常说观世音菩萨大能又慈悲，虽然或许没有到全能全善的地步，但阻止灾难发生的能力总还有吧，救苦救难的慈悲也还有吧，我们一样可以问，在这么多人受灾难袭击的时候，这些仙佛们在哪里呢？为什么不伸出援手？难道他们的善心比人都还不如吗？

这个论证让我们的思考朝两个方向前进。第一个方向就是接受这个结论："全能全善神根本不存在"。依据这个主张，甚至可以进一步推理出"具有大能与慈悲的神也不存在"。因为，总还是有许多处于无助状态的人们正在受苦。为什么这些具有大能又慈悲的神佛们不去帮助他们呢？这似乎是不合理的。所以，这条思路不仅可以否定全能全善神，也可以否定大能慈悲神。而且，如果神连"大能慈悲"的属性都不具备，这样的神就不符合我们心目中对神的定义了。所以，这条思路甚至可以否定神的存在。

恶是否根本不存在？

如果不接受第一条思路，我们可以考虑另一种想法，"神或是仙佛们对善的观点跟我们不一样，这些恶事都有其特殊的存在价值，因此他们才不会去干预。"我们可以用一个日常生活的例子来说明这个看法。

当主人带着猫咪要去打预防针的时候，猫咪通常很害怕。它们害怕去兽医院，所以对它们来说去兽医院是一种恶事。于是，它们喵喵叫祈求着不要去兽医院。如果它们也有能力推理，可能会想：“主人如果有能力不带我去兽医院，而且又很爱我，那么主人就不会带我去兽医院了，但主人还是这么做了，由此可知，主人若非能力不足，就是不够爱我。”我们知道这个推理是错的，错在猫咪缺乏一些知识了解某些恶（打预防针）的必要性。由此做类比，是不是由于我们某些知识的缺乏而不了解恶的必要性，才做出这个“恶的难题”的推理呢？

类似这种重新定义恶的想法，可以呼应西方4世纪的哲学家奥古斯丁（Aurelius Augustinus, 354—430）。他主张，实际上恶根本不存在，我们所看到的恶只是善的缺乏，就像是光没有照到的阴影一般。

这样的比喻很类似当代科学对“热”的说明。我们有时会觉得冷，认为世界上有热和冷两股力量。但是，从科学的角度来看，只有热的存在，而没有冷的存在。“热”是分子的运动所产生的，运动越激烈，热度就越高。而“冷”，只是缺乏热，或是不够热而已。因为，当分子停止运动时，就没有热了，这就是最低温的绝对零度，无法有比这更低的温度了。所以，在真实世界中，只有热的存在，而没有冷的存在。当我们感觉到冷时，实际上只能说是“不够热”。奥古斯丁以类似的观点重新定义恶，而能够躲开恶的难题的攻击。

然而，无论是主张神不存在，或是对恶重新理解，这两条路线都会导引我们进入一个与现在多数人不太一样的人生态度。多数现代人对神佛的存在半信半疑，但当发生困苦时，大都会祈求神佛的帮助。如果思想走第一条路线，那根本不会有神佛来帮助我们。如果是第二条，我们就必须好好思考所遭遇苦难的内在意义是什么。如果这些苦难有其特殊的意义，神佛自然不会插手干预，除非我们已经接受了这些苦难带给我们的重要讯息。当苦难本身的价值丧失时，如果真有大慈大悲的神佛存在，那自然就会施加援手，创造奇迹了。

16 全能神的存在诡论

针对神在全能属性方面的讨论，还有一个著名的论证，这个论证也常在日常生活中，被人们用来质疑基督教的全能神概念：“全能的神是否能制造一个自己搬不动的石头呢？”如果可以的话，那将存在有神搬不动的石头，如此一来神就不是全能的。如果不行，那就有神做不到的事，那么神也不是全能的。因此，无论如何，神都不是全能的。

思考解析“全能悖论”

这个论证称之为“全能悖论”，它虽然看起来很有说服力，但实际上只是一个可以用来作为逻辑思考训练的诡论而已，因为这个推理缺乏实质意义。首先，我们先将这个论证的完整逻辑形式展开来看：

（1）如果神可以制造一个自己搬不动的石头，则神非全能。

（2）如果神不能制造一个自己搬不动的石头，则神非全能。

（3）神可以制造或不能制造一个自己搬不动的石头。

（4）因此，神非全能。

上面这个逻辑形式是完整的（以逻辑术语来说叫作“有效的”，意即如果前提全部为真，则结论也必然为真）。所以，我们的确可以通过这个论证，“符合逻辑地”导出全能神不存在。然而，问题就出在这里：“符合逻辑”。

TIPS　符号化

假设，

P：神可以制造一块自己搬不动的石头。Q：神是全能的。

~ P：神不能制造一块自己搬不动的石头。~ Q：神非全能。

“→”代表“如果……则……”；“V”代表“或”。

则此论证可符号化如下：

(1)P → ~ Q

(2) ~ P → ~ Q

(3)P V ~ P

(4) 所以，~ Q

针对这个“符合逻辑”的标准，我们可以进一步问一个问题，“全能的神是否要遵守逻辑规则呢？”也就是这个“全能”是否包含了能够超越逻辑的限制？如果不行的话，那这位全能神不能做的事情可就多了，他不能把我变成“既是男人又不是男人”（违反逻辑基本定律之矛盾律）；也不能把天气变成“既下雨又不下雨”；他也不能“既不是能制造又不是不能制造这样的石头”（违反逻辑基本定律之排中律）。所以，如果我们把“全能”界定在不能超越逻辑规则，那么这个定义早已经将神的能力限制住了，也就不适于再用无法超越逻辑的理由来批评他的全能，这样的批评是没有意义的。

消解思维混乱，拨云见日

当然，我们也可以把神的全能界定成“可以违背逻辑规则”，但如此一来，逻辑根本就不适用于讨论这种全能神的存在与否。就算勉强去讨论，这个论证的前提三也无法成立。因为这样的全能神将有能力“既不是能制造又不是不能制造这样的石头”（违反排中律）。所以，从这个角度来看，这个论证的结论也无法成立。

也就是说，这个论证只是制造了一场思维上的混乱，没能针对（全能）神的存在与否及其特质在合理性上有任何进展。在哲学上以及在日常生活中，这类问题与论证很多，是需要消解的东西，而消解它们常常需要很强的分析能力。所以，哲学的重要功能之一是拨云见日的作用，把混淆的思维厘清，让真正的问题呈现出来。

17 康德论神存在论证

针对神存在问题的哲学讨论来说，到了18世纪，出现了一个从不同角度思考的哲学家——康德（Immanuel Kant, 1724—1804）。他认为探讨神存在问题有个根本困难，这个困难超越了我们理智的能力范围，我们不可能借由理性（包括哲学论证与实验方法）来证明神的存在与否。因为，神的属性根本不在人类理智的能力范围。这是他在著作《纯粹理性批判》中，反思人类理智能力的限制后得出的结论。

真实世界是什么模样？

以阿奎那企图依据对宇宙的观察来寻找神存在的蛛丝马迹来说，康德认为这种尝试是会失败的，因为我们根本不可能观察到真实的宇宙，理由是我们对宇宙的认识都是建立在一种内建的认知架构上，而不是直接认识宇宙的真实本体（康德称宇宙本体的存在事物为“物自身”（things-in-themselves），意即“绝对客观的存在”，而且主张人类不可能通过理性思考把握物自身）。

举例来说，我们会依据时间与空间的架构来认识事物，无法想象任何东西不在空间中，或是不在任何时间中，但是时间与空间未必是像我们以为的这样存在，甚至未必真实存在。在这种情况下，我们无法认识真实事物，而平时所认识到的，都是经由认知架构塑造之后的产物。所以，依据这些非真实世界的线索来推测神的存在是不恰当的。

另外，就算我们认识的时间与空间的确就是真实世界的显现，但神的定义是无限（超越空间限制）与永恒（超越时间限制），这些都是超越我们认知架构的东西，根本不可能被理智所把握。

以上面那个全能悖论来说，如果神的全能真的能够超越逻辑的限制，即使我们找到任何“神存在会导致矛盾”的证据或论证也是没有用的，因为神的这个属性已经超出了我们能够思考的范围。我们无法思考矛盾如何可能，那么我们根本无法借由思考去把握他。

理性思考也无法掌握的事物

此外，我们也无法证明神的存在，就算神现身在我们面前，又如何知道这是不是一场骗局呢？就算他展现了超乎想象的力量，我们又如何知道，这不是高科技外星人想要控制地球人类，而弄出来的把戏呢？我们根本无法证明他是否全能？只要对神的定义超过人类认知能力，像是全能、全善、时间与空间的无限，我们就无法用理智去把握。

虽然康德的论证很有说服力，但他也只是提出，要完全证明这种具有超越人类认知极限属性的神是不可能的。然而，如果我们只是希望在论证中能增加或减少其合理性，并且让我们的人生有个很好的参考依据，哲学上的讨论以及科学上的证据，还是能够作出一些贡献的。

18 马雷夏的自然欲求论证

20 世纪初期，哲学家马雷夏（Joseph Maréchal, 1878—1944）设计出一个颇为特别的神存在论证。不从神的属性来推论神的存在，而是从人的某些特质来推论神的存在。论证可描述如下：

（1）人的欲求可以分为自决的与自然的。

（2）自决欲求的被欲求之物虽不必然存在，但自然欲求的被欲求之物却一定存在。

（3）人对神的欲求是自然的欲求。

（4）因此，神存在。

自决欲求与自然欲求

在这个论证中，首先马雷夏把人的欲求区分成自决的与自然的。自决的欲求来自于后天某些特殊环境或文化所导致的欲望，像是想要成为蜘蛛人，或是想要养一只麒麟。被这种欲望所欲求的事物不一定存在，这些事物有可能纯粹来自于人们的幻想。但是，自然的欲求则属于每个人天生都会渴望的东西，像是渴了想要有可以解渴的东西，饿了想要有可以果腹的东西。在这样的区分下，马雷夏发现，凡是属于这种自然渴望的事物都一定存在，让我们有机会可以追求得到。

他也认为，人们对神的欲求属于天生的欲求，每个人天生就希望有神的存在让我们能够安身立命。因此，马雷夏推出，神存在。

这个论证的前提（1）比较没有争议，针对前提（3），由于绝大多数的文化都发展出关于“神”的观念，其属性不尽相同，但都有满足人类某些天生渴望的共通性（比如以大能惩罚恶人维护正义或是救苦救难等等）。加上从我们自己内心观察，以及对他人行为的解读来反思，可以发现人们总是会期待有大能神的存在，来协助我们渡过难关。所以，前提（3）的争议也较小。比较会有争议的应该是前提（2）。

可以支持前提（2）的理由很多，但从现代人的观念来看，较有说服力的理由是可以诉诸一个称之为“归纳法”的科学方法。借由针对我们所有可验证的自然欲求做观察，发现被欲求之物都存在（不会让我们的欲望无法得到满足），再推广至主张所有被自然欲求之物都存在。

虽然归纳法不保证一定可以推出正确结论，但这样的推理方法有相当程度的可信度，否则，我们也不用相信科学了，因为科学也大量使用归纳法。如果想要找出这个论证使用归纳法的不适当之处，就必须指出对神的欲求不是自然欲求，或者就算是的话，只要对神的自然欲求与其他自然欲求不同，也就不能一概而论了。所以，问题关键点在于，对神的欲求和对其他事物的自然欲求有何不同？我们可以发现，它们的确有不同之处。至少，从演化论的观点来看，他们是不同的。

演化论带来的挑战

这个论证遇到比较大的挑战可能会是演化论。演化论认为，我们的各种自然欲求都是演化的结果。例如，如果没有可以果腹的东西，就不会演化出饥饿的感觉，因为就算突变出这种奇怪的欲望，很快会被天择淘汰掉。然而，这样的演化解释不适用于说明对神的欲求。也就是说，一旦突变出对神的欲望，即使神不存在，这种天性还是有可能成为天择的优势而被保留下来。相反的，那些对神没有自然欲望的人，比较可能违反宗教教条，这些人反而会在人类社会中被排挤、处罚，而导致这个基因遭到淘汰的命运。

TIPS **演化论**

以达尔文为主流的演化论主张，所有生物是依据两个机制演化出来。第一是“突变”，突变是随机的，当基因受到某些像是紫外线或是辐射照射时会产生变异。第二则是“天择”，在突变后，会产生不同的生命体与生命特质，较具有生存优势的会被大环境保留下来，这就是所谓的“适者生存”。其他不适者会被淘汰掉。

所以，对神的欲求与对饥饿的欲求应该放在不同的领域来考量。如果是这样的话，我们就不能借由那些自然欲求物的“都存在”来推论“神存在”了。

当然，演化论的解释在目前的各种理论来说，虽然比较合理，但是其本身也有困难的地方。因为，光是靠着“随机突变”和“天择”，就能演化出像人类这般非常复杂的生命体，可以说实在是件匪夷所思的事情。这个部分，科学目前也没有任何比较好的解释。

19 帕斯卡的赌博论证

在哲学史上，针对神存在问题，曾出现过一个非常有趣的论证，由17 世纪的哲学家帕斯卡（Blaise Pascal, 1623—1662）所提出。这个论证其实不是用来提高或是降低神是否存在的合理性，而是提出一个选择上的考虑，我们究竟应该要相信神存在，还是相信神不存在呢？他认为，如果这是一场赌注的话，应该赌“神存在”，这个论证就称之为“赌博论证”。论证如下：

（1）赌“神存在”有可能赢，但不可能输。

（2）赌“神不存在”有可能输，但不可能赢。

（3）赌注当然要选择赢面高的。

（4）所以，我们应该赌“神存在”。

赌注的四种可能性

为什么帕斯卡认为赌神存在有可能赢，但不可能输；而赌神不存在有可能输，却不可能赢呢？请看下面这个表格：

	实际上神存在	实际上神不存在
赌神存在	赢了	没输
赌神不存在	输了	没赢

这个赌注总共有四种可能性，第一个可能性是实际上神存在，而且我们赌神存在。那么，我们便会信仰神，走上神许下的道路，在这种情况下，我们很可能会赢得这个人生。因此，这个赌注结果是“赢了”。

第二个可能性是，赌神存在，但实际上神不存在。在这个状况下，帕斯卡认为，一个神不存在的世界其实是个没有人生意义的世界，不管我们怎么生活实际上都没差，所以，虽然我们的赌注并没有押对，但实际上也没有什么可以损失的。在这种情况下，结果是“没输”。

第三种可能性则是赌神不存在，但神是存在的。由于我们赌神不存在，

因此不会走上神许下的道路，在这种情况下，我们将错失一个正确的人生方向，把很有价值的人生给输掉了。所以，这个赌注的结果是“输了”。

第四种可能性则是赌神不存在，而实际上神的确也不存在。这个赌注虽然押对了，但如前所述，一个神不存在的世界是没什么意义的，即使押对也无法赢得有价值的人生，所以，这个赌注结果是“没赢”。因此，帕斯卡认为，在这样的赌局中，理性思考的我们应选择相信神存在。

大赢与小输

或许有人会反驳说，“赌神存在但实际上神不存在时，会损失很多快乐的生活。因为，做一个信仰者必须牺牲一些乐趣。”如果要把这种损失算进来的话，帕斯卡的图表可以修改如下：

	实际上神存在	实际上神不存在
赌神存在	大赢	小输
赌神不存在	大输	小赢

因为赢得人生是大赢，而损失一些生活乐趣也只能算是小输而已。反过来说，输掉人生是大输，而赢得一些生活乐趣也只能算是小赢。那么，结论就可以改成：“赌神存在有可能大赢，但不可能大输；而赌神不存在有可能大输，却不可能大赢。”在这种情况下，当然还是应该赌神存在了。

然而，这个论证还是有其他问题。它预设了我们只有两个选项，一个是不相信神的存在，另一个则是相信基督教神的存在。这应该可以算是一种不当的二分。如果我们只有这两个选择，那么这个论证是很合理的。但如果我们相信的是不同的神，像是佛陀，这个论证就未必能成立了。因为，在基督教中，耶稣说："我就是道路、真理、生命，没有通过我，没人能到父那里去。"所以，如果不相信耶稣，那就无法到达天堂乐园。但是，如果是佛教的话，就算不信佛陀，只要修行得体，一样能证得菩提果位。

所以，这个论证在基督教社会文化里面，有着较高的说服力，但对于像是台湾这种许多宗教都很热门的地方，其说服力就较低了。

前面讨论的这些论证是哲学史上关于神存在论证中较有探讨价值的，在吸收这些智慧精华之后，可以自行思考其他是否有更合理的理由，来让我们的理智选择相信或是不相信神的存在。

20 诺齐克的经验机器论证

在追寻人生意义方面，哲学目前虽然不能肯定告诉我们人生意义是什么，但是，在旁敲侧击的追寻中，还是有一些成果值得参考。首先，我们有很高的合理性可以主张，大家一般认为的“追求快乐”（无论是哪一种快乐），并不是人生的意义。

现代哲学家诺齐克（Robert Nozick, 1938—2002），提出一个称之为经验机器的论证，主张“快乐不是人生的意义”。其实这个论证的结论应该是说，“任何经验都不是人生的目的”。但因为许多人把快乐当作人生应该追求的目标，而且由于无论是哪一种快乐，都算是一种经验，所以这个论证就变成反对将快乐当作人生意义了。

人生有比快乐更重要的东西

这个论证也是思想实验的产物。假设有一种可以提供给我们任何经验的机器，就称其为“经验机器”。

由于我们的人生是由一大堆各式各样的外在感官与内在情绪经验所串联起来，所以这样的机器等于可以给我们完全不同的人生。而且，还可以输入自己希望得到的经验，更棒的是，可以设定不会在机器中感觉到这些都是事先计划好的。因此，我们可以过一个在感觉上和真实经验完全一样的人生，而这样的人生充满自己期待的各种快乐。在这样的假设下，诺齐克问了一个问题："有没有人希望进入机器后永远不要出来，未来就在机器中度过，享受完全的快乐人生？"

这应该是享乐主义的最高境界了吧！多数人不都是享乐主义吗？但奇怪的是，虽然听到后第一个念头大多是，"这真是太棒了！"但只要再多考虑一下，除了那些不假思索的人以及（想放弃人生的）特例之外，多数人都不愿意了。

为什么会这样呢？我们不是一直希望追求快乐吗？当完全的快乐即将获得的时候，为什么却拒绝了？

不愿意的理由很多，像是"割舍不下那些让你操心的人与事"、"责任未了"或是"不愿过那种虚假的人生"等等。无论是什么理由，至少都可以说，"追求快乐"这件事情不能完全满足内心的需求，在每个人内心深处，藏有比快乐更重要的东西，等着我们去完成。也就是说，如果真的有人生目的这一回事，而且人生目的就藏在每个人内心深处，引导着我们，那么只要到达那里，便可以获得完全的满足。在这样的假设下，我们虽然仍不确定那是什么，但至少可以知道，那并不是在追求任何快乐。快乐或许可以作为人生的指标，但其本身不会是个目的。

21 人生意义无法用语言表达

第二个关于人生意义的线索是，如果人生有意义的话，这种人生意义的知识应该属于难以表达的知识形态。

20 世纪初期的哲学家维特根斯坦（Ludwig Wittgenstein, 1889—1951）也对人生问题有着很值得探讨的见解。他认为，如果有一天我们解决了所有科学问题，人生意义的问题仍旧会处在一个原封不动的状态。因为，他认为人生意义的问题无法被解决，而是需要被消解。也就是说，问题本身才是问题的关键。

为什么人生意义的问题没有解答？

不管人生意义问题是否有解答，或是必须被消解，都可以是一种生命的答案。我们也可以把这种“消解人生意义问题”的思考能力或相关体会当作一种知识，而且把这种知识看成人生意义问题的解答。我们可以说，如果人生意义问题有解答的话，这种解答的知识应该属于无法用语言表达清楚的东西。否则，照理说，历史上应该已经有许多人找到了人生意义的解答（或已经消解人生意义问题），而且也真的很多人这么宣称，然而他们大多无法清楚告诉我们那是什么，说法也不太相同。在这样的情况下最好的解读是，回答人生意义问题的知识属于非语言范围内的知识。

维特根斯坦的这个推理，用以下的说明来表达会更清楚。

假设人生意义的问题（无论应该要被解决或是消解）有解答，但我们无法通过阅读古人典籍而知道这个解答，那么有几种可能性：

（1）人无法发现人生的意义。

（2）人有能力发现人生意义，但从没有人找到过。

（3）有人知道人生意义，但不愿意写下来。

（4）有人知道人生意义，而且也写下来了，但是我们无法借由写下来的文字了解（或消解）人生意义，因为其知识形态属于非语言表达范围。

在这四种可能性中，维特根斯坦认为第四种的合理性最高。不过，他认为这种非语言的知识实际上并不能解答人生意义的问题，而是去消解这个问题。让问题不再是一个问题。而当这个问题不再是一个问题的时候，也等于解决了我们心中的困惑。那么，这也算是一种解答。

事实上，从我们当今对人性的判断来看，也应该是如此，至少第三种可能性非常低。因为如果我们自己知道了人生意义，应该会很乐意跟别人分享。推己及人一下，别人应该也是如此。而第一点和第二点的假设比较缺乏意义，当我们假设人生有意义的情况下，又再假设没人知道人生意义，这是没有什么价值的思考。当我们假设人生有解答时，同时需要假设人有能力发现这个解答（不然就不能算是一个解答了）。既然可以发现，便可以合理相信古人曾经发现人生解答，或至少发现人生意义的问题可以被消解，而且他们也留下了语言文字协助我们去探索，但像老子与释迦牟尼一样认为真理（或真道）是不可说的，强调这是非语言范围内的知识。这样的吻合也让我们认为，第四点的可能性是最高的。

无法用语言表达时，要怎么做？

如果真是如此的话，要想寻找人生的意义，我们就必须进入一个非语言的认知世界。对大多数人来说，这是一个几乎完全陌生的世界，因为自从学会语言之后，我们已经太习惯使用语言来认识世界与把握世界，如果不使用语言，我们甚至不知道该怎么思考，也难以回头认识内心世界的自己。事实上，我们对自己的认识经常被语言框住而产生扭曲，若不摆脱语言的束缚，难以找回真正的自我。

当人生意义的解答在非语言的认知世界时，也表示我们几乎完全无法依赖他人寻找解答，因为我们是靠着语言在互相沟通，当解答不在语言可描述范围时，别人就算知道答案，也对我们几乎没有帮助。

如此一来，我们就不用期待通过阅读经典来发现人生解答，自然也不用期待在演讲中可以听到。人生的学问需要通过一种实践的体会，产生一种非语言的领悟，要做到这点，我们必须先进入非语言的认知世界里。然而，西方哲学主要的工具是语言，当一个问题的解答超过语言的范围时，就像维特根斯坦所说："对于无法用语言表达的，我们就保持沉默吧！"于是，沟通的管道被关闭，人们自行进入那个属于灵性成长的世界里，寻求在成长中发现真理。

22 了解人生意义需要实践型知识

第三个线索，人生意义很可能必须通过某些实践与自我的蜕变去掌握，而不是纯粹经由推理来了解。我们来看看这些想法是怎么获得的。

前面谈到了非语言型的知识。这种知识不是西方哲学的长处，西方哲学主要诉诸语言的说明与逻辑论证的讨论，而东方哲学则对非语言型的知识较为擅长。这里牵涉到一个很重要的知识形态，称为“自我知识”。

如人饮水，冷暖自知

“自我知识”通常在学界的使用上有两种意思，第一种是指“只有自己才知道的知识”，第二种是指“关于自我的知识”。然而，这两种意义通常会指向相同的东西，就是“必须从自己内心去观察，属于那种如人饮水，冷暖自知的知识”。这种知识只有自己才能确定，而且常常也跟自我相关，例如，“良知是什么？”能在心中清楚感觉到良知作用的人，可以通过内省发现良知的存在，及其究竟是什么东西，这样的知识很难传达给不知良知为何物的人。

不过，也有一些只有自己才能确定的知识，也很难用语言表达，但跟自我比较无关，像是“红色和绿色的差别是什么？”当我们在谈自我知识时，比较着重在第一个意义。

东方哲学所强调的自我知识，不仅只有自己知道，而且还是必须通过某种实践后才能获得的知识，这种知识在获得之后，也难以用语言表达清楚。例如，通过某些对自我的观察，发现内心深处的“佛性”；或是通过某些修炼，体悟了何谓“真道”。这类知识都属于无法借由语言学习的。对于知道的人来说，互相可以沟通，但难以确定所谈的是否完全是同一回事；对于不知道的人，却是怎么解释都没有用。

东方哲学无论是儒、道、释，都相当重视这类知识，并将这类知识作为整个理论的核心。所以，基本上，研究东方哲学是难以和实践脱钩的，纯粹的理论研究很可能会偏离其核心。这与大部分的西方哲学可以用语言来讨论有很大的不同。

兼具思考者与实践者

在东方哲学里，人生意义问题的答案就在这种自我知识之中。因此，从东方哲学的观点看，在追求人生意义的目标下，我们不仅要成为一个思考者，还必须成为一个实践者，否则，当我们无法掌握必要的核心知识，任何思考与推理都是惘然的。

在儒家理论中，“天命之谓性，率性之谓道，修道之谓教”。如果把古人说的“天命”当作是人生的意义，寻找人生的意义就是去探索我们最内在的本性。而跟随这些本性为人处世，就是我们该走的人生道路。不断反思是否做得正确，就是我们需要的教育。这里所需要掌握的内在本性，就是一种自我知识。

道家则主张“道可道，非常道”。认为“道”是无法用语言表达的，我们只能从个人的心中去领悟它。这和禅宗所说的“悟道”或许是类似的意思。既然真道无法用语言表达，那么我们可以说，任何经典所记载的关于“道”的说法，从其字面意义来说，都是不正确的。也就是说，我们阅读经典应更重视个人内心的体会与把握，而不是专注在语言文字中的精确意义。这一条领悟的道路，似乎只能靠自己摸索，独自航行，朝向那神秘的彼岸。

第3篇　伦理学

为什么我们要有道德？

为何
要行善？
利己
主义
德性
伦理学
儒家
行善对自己
最有利
为了培养德性
以获得幸福
人生
这是天命
要

有好的
结果
效益
主义
不同文化
不同标准
相对
主义
善的动机
康德与
义务论
符合良知
儒家
怎么做才是善？

23 你喜欢道德吗?

在人生路上，我们经常会面临许多抉择，而且并不是所有依据自己喜好而做出的选择都是好的。有些抉择会带来幸福，有些却带来灾难；有些带来短期的快乐，却遗留长期的痛苦；有些在过程中虽然不太甘愿，但结果是甜美的。越多生命的历练，眼光就看得越远，也就越清楚自己该怎么做。

当别人都遵守道德规范

如果依据天性做选择，而且每个抉择都带来好的结果，我们显然就不需要道德了。因为，凡是道德规范，大都是要我们去做一些原本不想做的事情，在这种情况下，有谁天生会喜欢道德呢?

TIPS 道德、礼节、法律的区别

在讨论道德相关问题时，会有几个容易搞混的东西，分别是法律和礼节。首先，我们来看看道德和法律的不同。道德针对的是善与恶（或是对与错），而法律针对的是合法与非法。虽然，违法的事情通常是不道德的，但其中有许多例外。例如，闯红灯去救一个困在路中间的小孩，这是违法的，违反交通法规，但我们会认为这是善良的举动。而许多合法的行为却是不道德的，就像那些钻法律漏洞的行为，或是有些警察为了个人利益拖吊不影响交通的违规停车，虽然合法，但不道德。然而，也有些法律跟道德没有关联，例如，流动摊贩是违法的，但只要不要影响交通，也无所谓善恶。

道德和礼节则更为接近，通常我们会认为合乎礼节的东西也合乎道德，反之亦然。但礼节通常没有这么严重，“没礼貌”比较无所谓，“没道德”比较严重。例如，朋友见面忘了打招呼，这是没礼貌的，但要说“没道德”就太严重了。礼节有时是跟着习俗走，而有些习俗或许是不太道德的。例如，过去西方女性被要求穿束腹、东方女性则被要求裹小脚，这些礼节就不太符合道德了。

如果遵行道德规范的不是自己，而是别人。那大家会很欢迎道德，觉得它真是棒透了。想想看，如果这个世界所有人都是很有道德的人，只有我一个人随心所欲。这个世界将有多美好啊！

做个思想实验看看，如果大家捡到我的钱都会还我，但我捡到钱都放进自己口袋，而且没人会来谴责我；当我做错事时都会被原谅，但别人做错事则会被我骂；我走路、开车，别人都会让路，但我自己高兴怎么开就怎么开；当我需要帮助的时候，别人都会来帮我，但别人需要帮助的时候，我先看自己心情好坏再说。

在这样的生活中，自己的私心得到充分地发挥，而别人由于是完全无私而不会妨碍到我。这难道不是大家一直在潜意识里期待的美好世界吗？因为这个潜意识的发挥，我们很自然把道德拿来约束别人，而自己呢？则视情况而定。

伦理学的第一个问题：社会是否需要道德？

由于愿意一直被别人占便宜的道德笨蛋并不多，所以真实社会就变成人人鼓吹（别人遵守）道德，而自己却视情况而定，造就了人人谴责他人的社会景象。这样的社会，当然不会是一个有道德的美好社会。

如果道德应用的方向正确，一个人人有道德的社会是可以互利的。理由很简单，某些人的一点点举手之劳，或是一点点不方便，常常会带给别人很大的帮助。例如，棉被晾在户外，人正好外出却下起雨来，遇到这种情况，邻居如果可以不嫌麻烦去帮一下忙，就没问题，否则，无论是要赶回来，或是要重洗重晒，都是件大麻烦。其他比如亲切地回答问路者，让人借用一下厕所，或是帮忙打个电话等，都是如此。

如果大家常常伸出互助的手，社会当然会好很多。每一个人的举手之劳，带给每一个人莫大的好处，从这个角度来说，道德的确是很有价值的。但前提是，必须大家一起遵守才有用。如果只有少数人遵守，说不定不仅没有好处，反而造成更多坏处。所以，从不同的角度思考，会有不同的结果。那么，伦理学遇到的第一个问题是，这个社会究竟是否需要道德？亦即，提倡道德是好是坏？

24 提倡道德是好是坏?

我们可以想象在很原始的时代，人们是不讲道德的。这并不是说，每个人都一定会去害人，而是大家依据自己的自然状态处事。在这种情况下，虽然也会有互助的情况发生，但一定会发生很多让人难以忍受的事情。像是喜欢别人的老婆就去勾引她、垃圾乱丢或是言而无信。然而，有些事情虽然不当，但也还没有坏到必须诉诸法律的地步，因此，古代圣人便发明了“道德”，希望借由价值观的建立，让大家有个可以自律的规范。

到了孔子所处的春秋时代，社会大乱。孔子认为，这是因道德败坏所造成的。因此，他开始鼓吹重新建立道德体系。这个体系就是“礼”，也就是制定各种社会与道德规范，以及在什么情况下，什么样的人该做些什么事的一套规则。只要大家都遵循，社会就安定了，一切会回归正轨。因此，孔子周游列国，希望把这个理念贯彻实施，可惜没被采纳。然而想象一下，如果被采纳会如何呢？真能使社会安定且国力强大吗？这仍是个疑问，值得我们去思考。

“应该要排队”的优缺点

从当今社会的角度来看，我们可以想象，如果社会上大多数人愿意遵守道德规范，这个社会一定会更美好，就像孔子期待的那样。这应该是没有什么疑问的。如果我们可以把道德规范制定得更好，更多人愿意遵守，当然效果也会更好。但是，我们同时也可以想象，如果社会上根本没有所谓的道德（注意：并不是大家不遵守道德，而是没有道德法则来提醒众人），这个社会是否会比现在更糟呢？

这个问题的要点在于，“制定道德规范”并非全然是件好事，它也可能会对整体社会带来坏处。尤其当越多人（无论自己是否遵守）要求别人遵守道德规范时，坏处就会越大，甚至制造冲突。

举例来说，当我们在购买电影票时，如果我们制定了“应该要排队”这样的道德规范，而且大多数人都遵守，这对大家都是件好事。但是，如果至少有三分之一或甚至一半以上的人不愿意遵守，原本的好处就没有了。而且，由于有道德规范存在，这会让排队的人心里很不舒服，内心怒骂别人没有道德，脾气坏一点的还会去指责别人，万一遇到不高兴被指责的人，就会爆发冲突。这样的道德规范反而带来更糟的结果。

假设我们的文化里面根本没有所谓“应该要排队”这种观念，有些人会自动礼让别人，也有些人会争先恐后，有些人不想跟人抢也不想让人就干脆放弃了。或许这些争先恐后的人会发生冲突，但是至少不会有那种由于觉得别人“没道德”而导致的冲突。也就是说，比起有道德规范但很多人不遵守的情况，冲突反而会比较少。

从这角度来看，道德并不是非要不可的东西。如果把道德规范定得好，以及推行得好，让大多数人愿意遵守，这会对社会带来较多的好处。但是，如果定得不好，或是推行得不好，多数人不愿意遵守，这样的道德规范还不如不要。

不同角度思考，产生不同的答案

以台湾来说，“应该要排队”是好的道德规范，虽然不见得所有人都遵守，但在大多数人已经习惯遵守的情况下，一定比完全没有这种道德规范的社会来得好。不仅大家不用争先恐后，不用担心别人插队，较容易评估时间决定自己是不是要等，还可以减少因为争先恐后带来的冲突。由于遵守这个道德规范并不是件很困难的事情，因此制定且推动这样的道德规范就有价值，可以使我们的社会有更好的生活环境。但一样有缺点，因为队伍里面无法区分赶时间的和不赶时间的人，对于赶时间的人来说就很困扰。如果保留排队的规范，但同时容许有人因特殊状况而暂时不遵守，或许会更完美。

然而，并不是所有道德规范都有这样的好效果。举例来说，“婚前性行为”被认为是件不道德的事情，但是在现代，认同这个道德规范的人愈来愈少，有愈来愈多的青少年不会去遵守。这样的道德规范反而让人忽略青少年性教育的重要性。“堕胎”也被认为是不道德的，甚至是违法的，但是台湾每年不知有多少堕胎人口。这个道德规范无法减少堕胎人数，只会让堕胎的人徒增罪恶感。年轻男女不敢跟家长说，只能偷偷进行，甚至四处向人筹钱，说不定还会落入陷阱。

另外，有些道德规范的制定会很有争议。例如，我们认为“弃养宠物是不道德的”，虽然这个道德规范符合我们的慈悲心，但是并不会减少人们去弃养宠物，相反的，弃养宠物的人为了避免别人谴责的眼光，往往会把宠物带往偏远的山区弃养，结果让这些宠物难以生存下去。在这种情况下，这就不见得是个好的道德规范。如果我们在道德观上接受弃养行为，但另有其他关于弃养的道德规范，例如必须考虑宠物的生存能力，以及如何避免造成社会问题等等，这样的社会价值观或许会更适当。

从不同的角度思考，我们会看到不同的答案。中国古代哲学家老子反对道德。他说："绝圣弃智，民利百倍；绝仁弃义，民复孝慈；绝巧弃利，盗贼无有。"意思是说，如果不标榜圣人与智者，对人民的好处将有百倍之多；如果不立下仁义的标准，那人民自然而然会父慈子孝；如果不区别事物的好坏，那就不会有盗贼了。

老子的智慧在于，当大家都在歌颂道德的价值时，他没有迷惑在这个思潮里，而点出了道德可能导致的坏处。因为，当我们标榜圣人与智者的同时，无形中就贬低了非圣人与非智者的多数人；当我们要求每个人都要有仁有义时，仁义变成了一种束缚，一种让人感到厌恶的约束力，这反而可能使人不想去做道德之事。

而且，在老子的观念中，道德只不过是人们定下来的观念而已，就像我们立下的生活公约一样，并不是什么了不起的东西。这是一种偏向道德相对主义的想法，认为价值观都只是相对的，不同的文化与人群有可能有不同的设定，而设定之后才有所谓的善恶。就像老子所说的，"天下皆知美之为美，斯恶已；皆知善之为善，斯不善已。故有无相生，难易相成，长短相形，高下相倾，音声相和，前后相随。"

尼采与老子反对道德的意见

19 世纪哲学家尼采（Friedrich Nietzsche, 1844—1900）也和老子一

样反对道德。他认为，宗教与道德是弱者的依赖。例如，失恋的时候，我们祈求上帝或是神明来安慰我们，甚至帮我们找到更好的对象。我们也希望前女（男）友有道德观，不要遗弃自己而能回心转意，有时还借由道德价值观的批判来否定对方的人格，获取安慰。这两样东西让人的生命力量变弱了，忘了自己还能发挥更大的影响力来改变一切，因此尼采认为这些都是不好的东西。他主张面对困难时，如果没有宗教与道德观作为避风港，我们就只好尽自己最大的力量去克服它，那么我们的生命力就会提升。

尼采认为（由于虚无主义人生观的时代来临），每个人都将面对人生难题的重大挑战，若不提升自己、超越自己，达到能够克服各种障碍的强大生命形态，将无法面对虚无思潮的袭击。所以，尼采反对道德。

老子和尼采，一个在东方、一个在西方，一个在古代、一个在现代，依据不同的理由，提出了对一般道德规范的否定意见，也都很合理。虽然我们可以同意他们对这种道德的批评，也可以借由他们的批评发现道德的各种坏处，但他们的理论无法让我们完全忽视道德的优点，无法得出，“没有道德的社会是更好的社会”。因为，我们的确也从历史上看到了没有道德的社会所产生的弱肉强食，看到了缺乏道德与宗教时人们的无助。或许，对于能够成为尼采心目中具有超人意志的人来说，可以不要靠道德与宗教，独自走向属于个人的人生道路，但是，显然并非每一个人都适合这条艰辛的人生道路。

因此，我们要思考的，可能不是“这个社会是否需要道德”这么简单的问题。而是，我们需要什么样的道德观，以及道德观应该如何落实才能在社会上达成最好的效果。也就是说，从整体社会的角度来看，道德规范仍有其价值，但必须妥善实施，而且至少能让大多数人遵守，否则说不定会带来坏处。

针对“为什么我们应该要有道德”的问题，简单的解答就是：“因为道德可以让社会更美好。”这至少是对大家都有利的。依据这些理由，我们可以进一步思考，怎样的道德规范比较好，比较合理，可以有效实施，而且比较符合人性。

25 孔子的道德观：以仁为本，以礼为遵行法则

针对一些比较有争议的道德规范进行思考的学问，称为伦理学。在伦理学中，有时不同理论会有相当不同的观点。从东、西方社会文化在道德相关的价值观来看，针对“自私”的态度就有很大的不同。东方社会比较倾向于“牺牲小我，完成大我”的道德规范，对他人自私的容忍度较低。西方社会基本上比较包容自己与他人的自私行为，认为这些是人之常情。而针对不同的议题，不同的人与文化更有着不同的价值判断，有些地方赞成死刑、堕胎，但有些地方反对；有些人赞成善意的谎言，有些人则不同意。在这些差异中，我们可以思考一个问题，这些观点是否有对错之别呢？如果有，判断的标准是什么？如果没有，这些道德规范的约束力何在？

道德的判断标准是什么？

当社会文化定下了道德规范之后，我们期待每一个人都遵守，因为这就像是一个共同的约定。但是，或许有人不同意某个道德规范，因此不愿意遵守。例如，假使制定了一个道德规范，“在公共场所吸烟是不道德的行为”（这里也牵涉到法律问题，在此我们先忽略法律层面），而某个老烟枪认为这个道德规范不合理，因为他认为只要走到比较空旷

的地方就不会影响别人，为什么连这样也不行？于是，他不愿意遵守，也不认为这是一个共同约定。在这种情况下，我们有什么理由要求他一定要遵守呢？这样的问题牵连到另一个伦理学的核心问题："道德的判断标准是什么？"有什么标准可以超越共同约定，让每一个人都必须遵守？这也同时在问："当我们说某个事情是善时，我们的依据是什么？"

孔子所提出的各种道德规范可以称之为"礼"，而他强调这一切的道德规范都必须诉诸一个仁心。当我们遵循一个帮助别人的道德规范时，必须依据爱人之心，否则单纯只有礼的行为，而没有发自内心的动机，那是不够的。也就是说，仁心是这些道德规范之所以成为道德规范的依据。

类似的观点普遍存在许多现代人心中，仁心就是一般说的良心。"摸摸你的良心吧！"意思是反观自己内在的仁心，一个行为如果符合良心，那就可以去做，否则就不要做。

但是，"仁心"的标准何在呢？在记录孔子与其弟子言行的《论语》中，我们能发现的最实用准则是，"克己复礼为仁"以及"己所不欲，勿施于人"。克己复礼是指克制自己的各种私人欲望，并遵循道德规范。这样的心属于仁心的一个部分。另外，我们处事的原则可以以自己为标准，自己不希望别人对我们做的事情，就不要对别人做。如果大家都能依据这样的方式做事情，虽然有时还是会因喜好不同而造成误解，但问题不会太大。

然而，孔子的仁心主张最大的问题在于，实施起来不容易。因为大家都有难以克服的私心，所以做事情常常不是发自仁心，而是私心。不过这个问题倒不是孔子独有的，所有要求自律的道德观都会遇到这个问题。

圣人的仁心 vs 普通人的仁心

除了不够实用之外，对于仁心这种必须依赖个人感受的标准也会产生问题。例如，《论语》记载的一个故事：子贡觉得用活羊祭祀不好，依据其仁心，他觉得羊很可怜，希望能废除活羊祭祀。但是孔子反对，因为他认为祭祀比羊更重要。如果他们生活在现代，子贡大概会是动物保护协会的会员，而且反对近来备受争议的神猪祭典。然而，孔子或许会站在另一边来捍卫传统礼俗。

TIPS　义民祭的神猪祭典

义民祭的神猪祭典属于台湾的客家习俗，已经有百余年历史，到了祭祀义民爷时，大家比赛谁的猪最重，这就是所谓的神猪竞赛。这个竞赛在最初的时候可能没有什么大问题，反正就尽量喂食，看谁能把猪养得最大最肥，谁就赢得胜利。然而，为了要赢得比赛，人们开始强迫猪大量进食，甚至猪已经无法站立倒在一旁时，仍然用工具打开猪的嘴巴，硬把食物塞进去。这样的做法由于已经有虐待动物的问题，因而成为一个备受争议的传统礼俗。当然，孔子虽然不会主张废除神猪祭典，但也未必会同意这样的饲养方法。

从这个差异点来看，孔子显然不认为仁心需要套用在动物身上，否则就不可能会有“爱礼胜于爱羊”的想法了。因为，在孔子的思想中，仁的优先性高于礼，当仁与礼产生冲突时，我们应该舍礼从仁，也就是依据对动物的仁心把羊放了。既然孔子不认同这样的做法，这表示在孔子的心中，他认为仁心是不须套用在动物身上的。

然而，己所不欲（不希望发生在自己身上的事情）究竟能否施于动物身上呢？子贡很可能和现代许多动保人士一样，认为要把动物也当作人一般来对待。所以，“己所不欲，勿施于羊”。那么，究竟谁对？

遇到这种争议的时候，我们会感到很棘手。因为“仁心”缺乏一个客观标准，假设某人说虐待动物不会良心不安时，我们是否就应该接受其虐待动物的行为呢？从《论语》的另一则故事来看似乎是如此。有一天弟子宰予跟孔子反映，他提出一些理由主张守丧三年的道德规范太久，应该改成一年。然而，孔子不跟他讨论那些理由，只问他：“只守丧一年，这样可以心安吗？”宰予回答：“可以啊！”孔子则说：“既然可以，就去做吧！”

从这则对话里，我们可以看出，导致是否心安的仁心才是整个道德规范的核心点，一旦不违背仁心时，道德规范也是可以改变的。不过，这则故事并未结束，还有下文。下文牵涉到另一个问题，当我们自己觉得虐待动物很违背良心的时候，我们是否就可以去谴责别人虐待动物呢？

标准客观化的难题

从孔子的观点来看，这个问题的答案也是对的。因为，当宰予终于说服孔子，高高兴兴离去后，孔子却对其他人说：“宰予不仁。”孔子认为，宰予其实并没有依据其仁心去思考（或去体验）守丧一年是否安心的问题，因为孔子认为只有守丧一年根本不可能会安心。也就是说，孔子依据自己的仁心经验，认为每一个人都应该和他一样，只要是不同的，就是不仁。

这个观点预设了人们都有相同或至少类似的仁心，圣人（或已经明白自己仁心的人）可以依据个人体验来评量别人的仁心是否正确发挥。当圣人（像是孔子）感到不安而别人（像是宰予）不会时，这人便是不仁。反过来说，当别人（像是子贡）感到不安而圣人（像是孔子）不会时，这样的不安便是错误的仁心作用。

这样的情况对于哲学理论的建构是一个很大的困扰。虽然其观点仍有合理性，但是我们要如何自我评估，以及评估谁是圣人呢？这个问题很可能会变成一个无解的问题，因为很难有一个客观化的标准。

从神猪的例子来看，究竟动保人士的仁心是正确的发挥，还是错误的使用呢？有任何更好的标准吗？另外，这也会牵连到其他问题，如果把动物的内心世界当作和人类类似，我们自然会觉得虐待动物是不对的，但是，动物的内心世界又是如何呢？如果如同笛卡尔（René Descartes, 1596—1650）认为的，“动物就像是没有心灵的机器一般。”那么，把动物当人一般对待就有点可笑了。这个争议牵涉到动物心灵的问题，在此就不多谈了。

26 康德伦理学：无论如何都不可说谎

在回答“如何判断一个行为是否合乎道德”的问题上，18 世纪西方哲学家康德认为，要评估一个行为是否符合道德，就要看导致这个行为的动机。只要动机是好的、善的，就是符合道德的行为，反之则是不道德的行为。

善意像宝石般闪闪发亮

康德的观点和孔子类似，都是依据发自内心的状态来决定行为的善恶，而且两者都强调要“克己复礼”。不过，孔子谈的仁心与康德谈的动机还是有些不同，最大的不同点在于，康德不认为我们一定要有想帮助别人的德性（或仁心），并以此为依据来完成道德行为，但这是孔子以来的儒学最为强调的。

康德认为，道德规范就像必须遵守的法规一样，即使内心一点都不想去做，但由于我们的理性（而非仁心）知道这是应该要去做的，所以很自律地强迫自己去做。这种“在理性层面，强迫自己遵守道德规范的行善动机”，才是康德最重视的。而且他认为，只要有了这种行善的动机，不管所做的事情导致什么结果，都不会影响这个行为属于善的领域。就像他的名言所陈述的：“善意即使没有导致善行，它本身仍像宝石一样闪闪发亮，具有完全的价值。”

康德很重视在评价一个行为是否属于道德时的必要属性：“自律”。康德心目中的“自律”跟我们一般日常生活所说的自律，意思有些不同。在日常生活中，冬天寒冷的早上醒来时，多数人都不愿意起床，但想一下翘课的后果，或是上班迟到的后果，衡量过利弊得失，我们还是很“自律”地把自己从床上硬拉起来，开始一天的生活。我们的自律，通常是衡量利弊得失之后的产物。在康德的心目中，这并不符合道德行为所要求的自律。康德所谓的自律，不是依据对行为发生后的各种利弊得失的衡量，而是针对行为本身。

在道德行为中，当我们想要随手丢一个垃圾时，会注意是否会被人看到，如果在确定不会有人看见的荒郊野外，许多人就很大胆地乱丢垃圾。或者，我们会看看地面脏不脏，如果像某些地面满是垃圾的夜市，反正多丢一个垃圾也不会有什么坏处，这时就可能放心地乱丢垃圾。在康德心目中，遵守不乱丢垃圾道德规范的人，是不会在这些考虑之下乱丢垃圾的，因为乱丢垃圾本身是不好的行为。而依据理性勉强自己不去做不好的行为，才是真正遵守道德规范；依据这样的动机所做出来的行为，也才是真正的道德行为。

道德行为不是手段，而是目的

有人认为，做善事会有福报，鼓励大家多做善事。或者，就算没有宗教信仰，做好事至少会让自己感到快乐，在追求幸福人生的情况下，还是应该多做好事。然而，在这些情况下所做的道德行为，在康德心目中，全都不是真的自律，因为这些行为背后都有一些行为之外的“目的”想达成，道德行为被当作达到某个目的的“手段”。在这样的条件下所产生的自律都不是真的自律，既然不是自律，当然也就不能算是道德行为，也就是说，这些行为缺乏真正的道德价值。

康德主张，道德行为本身就是目的。我们有义务去做这些事情，遵守道德规范并非手段，不是为了达成某个目的，不是为了躲避处罚，不是为了要赢得好的名声，不是为了自己的前途，也不是为了获得快乐，而是在没有任何（为了完成道德行为本身之外）其他企图的心态下去实践它。凡是把道德行为当作手段的，都不是真正的道德。为了实践道德行为而去做，这样的动机才是真正的道德动机，这样的自律才是真正的自律。

对康德来说，一个有慈悲心的人去帮助别人，这个行为虽然是好的，但也一样缺乏道德价值，因为这样的行善并不是以行善本身为目的，而是为了满足个人的慈悲心。当然，康德不会反对以慈悲心去行善，只不过他认为这缺乏道德价值，不算是真正的道德行为。

既然去做一件道德之事的动机就是去做这件事情本身，而不谈任何理由，我们想问的问题是，这些道德规范是怎么来的？当没有以达成其他目的的理由作为依据时，我们如何判断一件事情是符合道德的？我们又为什么要遵守这些道德规范？当我们有不同的道德观时，是否有什么好方法可以用来判定对错呢？

人的理性与两个基本原则

康德认为，由于人是理性的动物，我们具有能力思考哪些行为属于道德。虽然人都有私心，但在大多数时候，我们知道哪些行为是应该要做的。然而，还是有些问题让人感到迷惑，例如，是否可以说善意的谎言？双方各取所需的卖淫行为，或是贩卖（不会因此而丧命的）器官，是否符合道德？针对这些模糊不清的地带，康德提出了两个基本原则：第一，普遍化原则，当我们想象多数人都这么做的时候，不会导致矛盾或是不合理的情况发生；第二，必须把人当作目的而非手段。

关于善意的谎言，依据康德的观点，它违背了第一个原则，因此它是不道德的行为。理由是，如果大家都认为善意的谎言没关系（普遍化），那么人们所说的话将不再被信赖，因为我们永远不知道别人是不是在说善意的谎言。原本善意的谎言是为了让事情更好，但反而导致更糟的情况（形成矛盾），这样的矛盾显示这个行为无法被适当地普遍化，所以它是个不道德的行为。

卖淫和贩卖器官都违背了第二个原则，因为两者把人体当作达成娱乐与获取健康的手段，所以它们也在康德的伦理学中容易被归类为不道德之事。

如果我们再追问，为什么一定要符合这两个原则才是道德呢？在伦理学中，类似问题追问下去就会碰见另一个伦理学的难题，这个问题称为道德基础的问题，伦理学究竟可以建立在什么样的基础之上呢？如果不满意康德将人的理性以及两个基本原则作为道德基础，还有什么基础可以作为所有道德规范的基石呢？这个问题将会在后面的篇章中继续讨论。

当道德的行为有不良后果时……

在康德伦理学中，还藏有另一个可能会发生的问题，假设我们要去做一个符合康德伦理学的道德行为时，突然想到这个行为有可能产生很大的不良后果，我们是否还要去做？例如，一个富商请杀手去杀移情别恋的情妇，杀手看见情妇后爱上了她，两人谈起恋爱，然后杀手为了保护情妇不受伤害，便把她藏起来，并且向富商谎报已经将她杀了。如果你碰巧发现杀手的秘密，也见到他们出入某个秘密地点，当富商有一天不经意地询问你，最近有没有见到那位情妇时，你是否要说谎呢？

从康德的伦理学角度来看，说实话是道德规范，说实话的行为本身就具有完全的道德价值，根本不用也不应该考虑这个行为会产生什么后果。在这样的解读下，从康德的伦理学会导出，“你应该说实话才是有道德的行为。”然而这样的道德行为很可能导致情妇再次面临生命危险。这符合我们对道德的期许吗？这样的理论是否真的适当，值得我们好好思考。

27 效益主义：带来幸福的谎言是可以说的

如果主张要用行为导致的后果来评价一个道德行为。这个思路就走向重视后果的效益主义[①]。

善恶的加减总和

针对“如何判断一个行为是否合乎道德”的问题上，效益主义（utilitarianism）认为，要考量一个行为的好坏与善恶，应该完全从“行为所造成的后果”来评断，而不是（像康德伦理学那样）依据其动机的好坏，也不是（像孔子道德观那样）依据是否符合仁心来评价。

举例来说，某个人杀了人。他之所以做了恶事，是因为这个行为造成一个人死亡的不良后果，而这样的后果决定了这个行为是不道德的。然而，如果他所杀的人正准备用机枪扫射人群，那么，虽然杀了一个人的后果并不好，可是救了更多人，善恶加减总和之下，就变成做了一件善事。所以，效益主义不仅主张用后果来决定一个行为的善恶，还主张，这些后果可以总和来计算，如果优多于弊则为善，反之则为恶。

由于这些后果可以称为一个行为所造成的“效益”，而以最高效益

①效益主义，utilitarianism，中国大陆学界通常译为功利主义。

者为最大的善事，所以这样的主张就被称为效益主义。效益主义过去曾被翻译成“功利主义”，但因为这个翻译名称在中文有负面意义，而提出这个主张的人并没有负面的观点，所以这样的翻译是不恰当的。（目前台湾学界已经统一 utilitarianism 的译名为效益主义。早期出版的书籍仍有功利主义的翻译，其实谈的是相同的东西。）

结果论能靠程序计算吗？

凡是用后果来衡量一个行为的善恶者，都可以称为结果论（consequentialism）。所以，效益主义也属于一种结果论。针对结果论，我们会提出的疑问是，如果一个心存恶念想做坏事的人，做了某个行为之后，反而导致好的结果，那他算是做了一件好事吗？

举例来说，某个人心情很坏，想随便杀个人出气，于是他走到街上，迎面来了一个让他看不顺眼的人，于是一枪把他毙了。从一般价值观来看，我们认为这个人心存恶念，而且也依据这个恶念做了坏事。但是，原来被他杀的这个人碰巧是个恐怖分子，手上提了一个装满炸弹的箱子，正准备到闹区进行恐怖行动。也就是说，这个随意枪杀别人的行为所导致的后果，救了很多人，得到一个很好的结果。以结果论来谈是非，这不就是做了一件好事吗？

这里牵涉到的问题在于，究竟哪些结果可以被计算呢？这种碰巧的好结果是否可以算进一个行为去衡量其善恶？一般来说，结果论者反对这种算法，认为类似这种在事前完全无法预料，而且与其行为动机明显无关的结果，不能列入考虑。这样的限制，可能会比较符合一般日常生活中对善恶的观点。因为我们不会说，这个杀手救了很多人，也不会将这样的好结果归功于他。

所以，结果论者倾向于主张，一个行为所产生的（用以衡量其善恶的）结果，必须跟这个行为本身可预期的后果相关。然而，相关的程度该如何拿捏会是个问题，时间上是否也要有个限度？如果不限制时间，未来的作用又有谁知道呢？说不定被救的人中，有一个人未来成为杀人魔王，或是 60 年后他未曾谋面的子孙中，其中一个变成了杀人魔，于是这个 60 年前的救人行为就又变成恶了。或者这个杀人魔在 100 年后放下屠刀成了佛，协助更多人悟道而净化人间，这是不是又变成善了？这些问题是结果论要面对的困扰。

最大效益等于最大幸福？

针对效益主义主张所导致的后果还可以加加减减计算总和，我们感到疑惑的是：行为所产生的后果真的可以用来计算、抵消，并做出总和吗？标准又是什么呢？首先，19 世纪哲学家边沁（Jeremy Bentham, 1748—1832）提出一个衡量标准：“最大的效益就是给最多数人，最大的幸福。”所以，我们可以依据一个行为所产生的幸福总量，来衡量这个行为的善程度。反之，一个行为如果导致最多数人，最大的不幸，则为最不道德的行为。我们也可以依据不幸的总量来衡量其恶的程度。

以前面富商杀情妇的例子来说，如果我为了要救那位无辜的情妇和成全改过自新的杀手，我就简单地跟富商说我没看见他们。在这样的行为中，虽然说谎不好，让富商没有获得正确的消息（假设这个恶的等级是 5），但就这个行为导致的救人后果来说（假设这个善的等级为 1000），由于恶的部分非常小，从善恶抵消的整体来说（1000–5=995），这是一个善的行为。依据效益主义，我们便可以轻易解决康德伦理学所遇到的困难。

然而，这种计算方法会导致一些违反日常生活习惯的情况。例如，既然善恶都可以被量化，那么，杀一个人相当于捡多少垃圾呢？假设捡一个垃圾所导致的善等级是 1，而杀一个人导致的恶等级是 2000，如果某个行为让我同时捡 2000 个垃圾并且杀一个人，这个行为是否就是不善不恶了呢？效益主义有可能会导致这种看起来有点荒谬的局面。

另外，有些事情在我们习惯的观念中明显为恶，可能会在效益主义的标准中变成善事。例如，有一天某位医生发现，只要把一位来医院探望病人的访客杀了，取下他身上的器官，就可以解救五位立即需要器官移植的病人。依据效益主义，由于杀一救五符合效益原则，所以是件善事。但基本上，我们很难认同这个观点。

效益主义者或许会反驳说，这种行为所导致的恶不仅仅是杀一个人而已，万一被人知道，以后都没有人敢到医院探望病人了。所以，这个行为所导致的恶其实大过其善。然而，这样的反驳事实上不是很有用，因为，如果我们更进一步假设，只要能想象在一种绝对不会被人知道的情况下杀人，是否就是善的行为了呢？相信即使如此，人们还是难以认同。这些都是效益主义会遇见的困难。

实用的效益主义与结果论

效益主义与各种结果论虽然在某些道德案例中获得较好的解释，但也会衍生出一些与我们习惯的道德观很不一样的观点。它自然还不能算是一个很适当的善恶标准，不过它形成很实用的价值观，也应用在许多领域。举例来说，能打赢官司的律师就是好律师，无论他使用的方法是什么；不能把事情做好的员工就不是好员工，无论他多么努力以及遇到多大的困难；一个能卖最多商品的业务员就是最佳业务员，不管他到底如何卖掉那些商品；能打胜仗的将军就是好将军，不管他使用什么手段。

在工商界与军队中，尤其有着这样的价值观，从一个人工作所产生的结果，来衡量他的能力与优劣，不管其内心奋斗过程、环境条件以及所遇到的困难。这样的观点的确有其好处，让人没有借口可以找，只能全力以赴，追求最大的成果，坏处则是太不人性化，容易错误评估新手的内在潜力。

既然光看动机与结果，都有部分适当、部分不适当的情况发生，这是不是说，只要把两者加起来就好了呢？

28 道德有客观依据吗?

经过前面的讨论，许多人可能会认为动机和结果两者都很重要，都是判断善恶的标准，只要把孔子和康德强调动机的伦理学，加上强调结果的效益主义，这不就是一个完整的伦理学了吗？乍看之下，似乎很完美，但是细细思考，里面可能会有更多问题。

可以同时评估动机与结果吗？

当某人做一件事时，有好的动机（或发自仁心），又产生了好的结果，这是善的行为；如果有坏的动机加上不好的后果，这是恶的行为。这比较没什么争议。但是，如果好的动机导致不好的结果，怎么办？例如，某人想帮助老太太过马路，结果方法不当害老太太被车撞，这是善还是恶？另外，不好的动机加上好的结果又如何？例如，有个人很生气在朋友家故意摔破一个精致的花瓶，却帮助朋友找到遗失已久且快过期的乐透中奖彩券，这又是善或是恶呢？其他情况，像是没有好坏的动机，但导致好事或是坏事，以及有好的或坏的动机，但没有造成任何好的或坏的后果，这些究竟是善是恶？

无论是康德伦理学还是效益主义，都可以回答上述问题，一旦要把它们统合起来，我们便不知所措了。或者，我们可以学习效益主义的方法，寻找一个动机与结果的互换公式：一个想帮助别人的善意可以等于多少好的结果呢？当我们被迫这样做时，就会发现要面对的难题比效益主义大得多。

究竟该如何发展出一个更恰当的伦理学理论呢？如何找出一个更适用于决定行为善恶的判断标准？当我们找不到时，自然会思考一个问题，是否根本就没有这种东西呢？我们的善恶观在文化传统中逐渐自然形成，它本来就没有公式，只是众多不一致的价值观混杂而成而已。我们根本不可能找到一个客观的评价标准，以符合所有我们习惯的道德观。如果真是这样的话，就表示道德只是约定俗成的东西，其本身没有任何客观依据，所以也不会有任何绝对性。不同的文化、传统、地区，甚至是不同人，都会有不同的道德标准，而且互相无法比较好坏，也没有对错之别。这样的观点称为“道德相对主义”（moral relativism）。

道德规范共通性的神秘力量

常听人说，多出国看看，可以开阔眼界。这种开阔眼界可不是看看不同的风景与建筑物而已，而是在不同的国家与不同的文化中，可以观察到许多奇风异俗、不同的价值观与处事态度。这些特殊事物不仅提供有趣的思想娱乐，还能刺激我们习以为常的思维。原来，我们强烈地如此主张、视为理所当然的观点，在不同的文化中竟然有着完全不同的思维模式。

举例来说，今天的我们，认为孝顺年事已高的父母是理所当然的事情，但似乎没必要每天早起跟父母请安，在中国古代却认为这是必须的礼节。然而在世界上某些地区，为了节省粮食，曾经让年长者进入山中自生自灭，就当地当时的文化背景来说，这也是理所当然的事情。我们习惯用自己的观点看世界，认为跟我们不同的都是错误的。然而，别人也一样用他们的观点看我们，认为我们的做法是错误的。当我们想要找出一个孰是孰非的答案时，有什么可以作为依据呢？如果没有，当我们尝试从别人的角度看事情，是否也可以看到其正确的一面？

观察文化的差异会发现，在不同的文化里，的确需要不同的价值观来维系整个社会群体。也就是说，在那个文化里，就该有那样的价值观；在不同的文化里，就该有不同的价值观。所以，道德规范的制定依据不同的文化与生活条件而形成。相对于不同的文化，就会产生不同的道德善恶，因此道德善恶是相对的，不具有客观性与绝对性。

这样的结论或许也下得太快了。反对者会说，很奇怪的是，我们的确看到在大多数的不同文化里，道德规范的制定有许多差异，但基本上却有更多的共通性。难道这些共通性都只是巧合吗？还是说，有某种力量对道德规范的制定产生强大的影响，导致相当的类似性。如果真的有，是否可以说，这股影响道德规范制定的共通力量就是一切道德规范的客观基础呢？如果这个基础不是动机，也不是结果，那会是什么？是否是人的天性呢？如果是的话，那是仁心、良知、理性，或只是企图约束彼此的私心？要回答这些问题，就等于在寻找道德的基础，是否真有个支撑整个道德价值观的地基存在？

29 从实然与应然的问题看道德基础

针对道德法则成立的基础是什么的问题，休谟（David Hume，1711—1776）提出一个想法，他认为这样的基础其实并不存在，或更精确地说，“没有任何事实根据，可以作为道德的基础。”

“应该”与“是”

休谟认为，所有关于道德的陈述都可以用“××× 应该○○○”的形式来表示，我们称呼这种句子为“应然命题”，也就是包含有“应该”的道德陈述。例如，“人应该守信用”或“你应该捐钱”。而关于客观事实的陈述都可以用“××× 是○○○”的形式来表达，我们称此为“实然命题”，也就是包含了“事实上是什么”的陈述语句。例如，“地球是圆的”或“熊是动物”。在这样的定义下，休谟主张，我们永远无法从事实推出道德，因为“是”永远无法在有效的逻辑推理中变成“应该”。也就是说，以实然命题为前提，不可能得到应然命题的结论。也就是说，不可能有任何关于事实的陈述，可以在逻辑推理下，成为道德的基础。这个质疑道德基础的问题称之为“实然与应然的问题”。

从这个论证来看，如果只有事实真相可以算是客观的，而用以描述道德规范的应然命题，都无法从描述事实真相的实然命题推理出来，我们便可以说，道德并非客观的。如果道德不是客观的，那就没有绝对性。因此，道德就像是每一群人各自定下的生活公约一般，只要大家觉得这样好，就可以这样定，并没有一定的法则需要遵守。这样的结论是支持道德相对主义的。如此一来，当我们谴责别人没有道德时，只不过是说他没有遵守这个社会的共同约定而已，不是什么大不了的事情。

从目前的角度来看，道德相对主义似乎是比较好的选项，也是比较合理的主张。然而，如果我们支持道德相对主义，便不能去谴责不同文化的各种风俗。例如，某些文化主张应该用石头打死通奸妇女，某些文化认为可以猎食人类，又有些地区认同贩卖人口、虐待奴隶、吃狗肉等等。基本上我们认为这些都是错的，不应该的。但是，如果我们成为道德相对主义者，便无法做出这样的善恶评价。因为，既然道德没有绝对性、没有客观性，我们就不能依据自己的道德观去批评别的文化社群。

如果我们还是要反对其他文化中某些“不人道”的价值规范，并主张这些都应该要废除，就必须尝试帮这个主张找到一个道德的客观基础。由于应然与实然的问题存在，我们无法期待这个客观基础是一种事实，或者，如果一定要是事实的话，便不能期待这个道德基础可以经由逻辑推理出来。那么，有什么可能的道德基础呢？

仰赖理性、良心还是直觉？

在寻找道德的客观性中，我们可以尝试主张，由于人是理性的动物，而且人的理性是类似的，所以当我们依据理性思考时，可以获得一致的道德观。因此，理性思考能力便是道德规范的基础。

但是，从历史文化的各种研究来看，似乎不是如此。每个时代道德价值观不同，而每个时代的人（甚至包含哲学家们）大多认同该时代的价值观。不过，即使到了现代，仍然有许多道德问题无法取得共识。例如，安乐死是善是恶？堕胎是善是恶？死刑是否应该废止？强行取缔钉子户是善是恶？这些问题的存在似乎显示，即使运用理性思考，我们仍旧会有不同的观点。因此，理性难以作为一个好的道德基础。

如果理性不行，那作为孔子道德基础的仁心可以吗？由于人性本善，人们有类似的良心，当我们诉诸良心来做道德判断时，就会有类似的道德标准。

这个想法看来不错，却是太一厢情愿了。因为我们可以质疑，人们真的有类似的道德良心吗？如果真的有，为什么有许多人在做了多数人认为的大恶事之后，宣称不会良心不安。这究竟是儒家学者所宣称的，因为良心被蒙蔽了，还是真的没有这种所谓客观的“良心”存在呢？

也有哲学家认为，每个人心中都有一把相同的分辨道德善恶的尺，只要依赖我们的直觉，就能知道一件事是善是恶。这个想法可以称为“道德的直觉主义”（moral intuitionism）。虽然以我们当下的生活直觉来看，似乎真是如此。善恶是很明显的事情，只要把一个行为讲出来，我们大多很容易区别善恶，或是与善恶无关。在前面几个篇章里，还借由这种区别善恶的直觉，来批评康德的伦理学，以及效益主义的不足之处。

但是，这样的主张仍有疑问，问题在于，这把用来分辨道德善恶的尺，是天生的还是后天培养出来的？如果真是天生的，为什么不同文化会产生这么大的差异？如果认为是后天培养出来的，那反而在支持道德相对主义了。因为不同的文化会培养出不同的道德直觉，这就可以说明，为什么我们会觉得别人的不同文化是错误的。

道德有没有客观衡量的标准？有的话，究竟是什么？如果没有，应该如何看待各种违背道德的行为呢？

30 利己主义：我们为什么要有道德？

既然我们尚未找到具有说服力的道德基础，这表示道德规范可能只是约定成俗的，并不是什么大不了的东西。假如真的是如此，在这种情况下，人们会想问另一个问题："当遇到不同意或是不想遵守的道德规范时，我们有什么理由强迫自己去遵守？"

遵守道德规范，个人与团体都获益

即使道德规范没有一个客观基础，我们还是有非常好的理由强迫自己遵守道德规范。理由可以从两方面来看，第一，遵守道德规范，对自己有很大的利益；第二，所有人一同遵守道德规范，对所有人（包含自己）有最大的利益。从这两点来看，遵守道德规范的理由是基于个人利益的思考，这样的想法可以归类为利己主义（egoism）。

利己主义认为，"我们应该去做对自己最有利的事情。"以这样的想法出发，如果遵守道德规范正好可以给自己带来最大的利益，利己主义者自然会（而且也应该）去遵守。

从第一点来看，当我们表现得很有道德时，可以赢得别人的敬重与信任，无论我们从事什么职业，都会很有帮助，比起做不道德之事获得的小利益来看，成为大家眼中有道德的人得到的更多。举例来说，如果是政治人物，多做有道德的事情赢得世人爱戴，容易当选与获得升官的机会；如果是商人，会得到更好的商业信誉，这可是获利的保证；如果是一般人，至少可以赢得别人的信任与较好的人际关系，未来如果需要别人帮助时，比较不会被拒绝。这都比做不道德之事所获得的小利益更有价值。由于做道德之事可以带给自己最大的利益，所以从对自己有利的角度来考量，即使不想遵守某些道德规范，我们还是应该勉强自己去遵守。

从第二点来看，由于大家一起遵守道德规范可以让社会更有秩序、更美好，对社群中每一个人都有最大的利益，因此每一个人应该遵守道德规范。这个观点不仅让自己有遵守道德规范的理由，还让每一个人想办法要求别人也要遵守道德规范，形成一种互相监督的力量。这是大多数人类社会的景象，也导致道德规范可能产生的坏处。因为没人喜欢被要求做什么或是被批评不该做些什么，所以为了达到期待的利益，利己主义者需要冒点风险，万一社会上很多人不愿意遵守某些道德规范，反而会增加许多纷争，使得坏处大于好处。这也是老子的智慧看见的道德危害。

有没有不考量个人利益的无私者?

在利己主义中，有一派称为“心理利己主义”（psychological egoism），主张“人人都是为了个人利益在做事情，所有道德人士其实都只是为了个人利益而已。”这里说的个人利益不是只针对获得的实质好处，还包含“为了快乐”而行善，或是为了达到个人成就（例如成圣成佛）而行善。

这种有目的的行善在康德伦理学的观点中都不算是真正的行善，因为康德强调，行善本身不能是手段，而是目的。行善不是为了获得任何个人利益。心理利己主义却认为，根本不会有这种不为个人利益的真正无私者存在。心理利己主义的主张，基本上符合当今科学演化论的结论，认为人都是自私的，天生就带着自私的基因。理由很简单，即使古时候曾突变出一些带有无私基因的人，他们也早就被“天择”的机制淘汰了。因为，“无私”绝对是个不适合生存的基因。我们可以想象，当社群遇到危险，无私的人牺牲自己拯救别人；当遇到缺粮，无私的人挨饿让别人先吃。在这种情况下，不管曾经有过多少无私的人存在，也早就牺牲光了，如果牺牲时还没有子孙，那就消失了一批无私基因；如果有子孙，子孙们带着这样的基因继续牺牲，无私的基因迟早会完全消失。因此演化的结果是，根本不会有无私的基因被人类社会保留下来。

这个理由很合理，但至少预设了两项，第一，演化论对人类发展的描述是正确的；第二，无私的基因可以在天择的机制中被单独考虑。这两项科学主张都还有争议，目前在科学上也难以深入验证。

从另一个角度来看问题，争论点在于，如果做某个善事时，行为者完全无法获得任何东西，例如，无法被称赞、没有奖赏、不会感到快乐、未来也不会有福报、不能消业障，那么是否还有人愿意做这个善事呢？心理利己主义者认为，不可能会有这种人，因为人的行为一定是为了个人利益。然而，真的是这样吗？

人性光辉的一面

以孟子所举“孺子将入井”的例子来说，当我们看到一个小婴儿爬着、爬着，眼见就快掉到井里时，我们是不是会赶快跑去救他呢？当我们要做这个道德善行时，是否会先想到“我将得到什么利益”或是“救了他我会不会很快乐”？孟子认为，实际上我们不会有这样的思考，而是单纯想去帮助这个小孩，以免他落入危险。

即使会得到快乐或是某些实质奖励，但是这些东西并非促使我们去做这个行为的理由。因此孟子认为，人具有某些善的天性，而这些善的天性自然而然驱使我们去做一些道德之事。在实际生活中，也常常看到类似舍己救人的行为。例如，日本“3·11”大地震引发海啸时，一位名字叫作远藤未希的女性公务员，冒着生命危险用广播呼吁民众赶快逃命，自己却坚守岗位直到被大水淹没。这样的行为究竟是为了个人什么利益呢？

当今许多科学研究也发现人的确有某些善的天性。例如，心理学家观察到婴幼儿偏好喜欢帮助别人的人，较排斥给别人找麻烦的人，而且天生就有相当程度的公平观念，面对受到不公平待遇的人，愿意跟他们分享自己的东西。这些最新的研究证据与前面谈到的演化理论不符合，尽管可以找到许多合理的解释，但目前科学界还没有共识，仍在研究阶段。这些例证显示，心理利己主义乍看之下虽然很有说服力，但很可能忽略了人性中最光辉的一面。

无论如何，如果做某个道德之事正好对自己最有利时，我们自然会去做，君子、小人或是伪君子都一样。但当某个道德行为明显对自己不利时，利己主义的理由就派不上用场了。

31 德性伦理学

古希腊哲学家亚里士多德主张，德性是通往幸福唯一的道路。

要成就幸福人生，我们需要先培养各种德性，方法就是勉强自己去做一些原本不想做的道德之事，像是诚实、有耐心、宽恕、公平、爱人等等，久而久之成为习惯，德性就培养完成了。这也是勉强自己遵守道德规范的好理由。为了成就个人的最高幸福，我们成为一个道德遵行者。

德性伦理学（virtue ethics）和其他伦理学比较起来，最大的不同点在于，德性伦理学主要不是去问什么样的行为是有道德的，或我们应该做什么，而是在问什么样的人格特质属于德性，以及我们应该成为什么样的人。这种伦理学在东方哲学中（尤其儒家）更受重视。儒学主张，每个人都应该成为君子，而君子是具备礼、义、廉、耻等各种德性之人。

第二个不同点在于，有德性之人在做道德行为时，是发自内心自然的德性，在自愿的情况下乐于做那个行为，而不是为了个人任何利益勉强去做。因此，一个有德性之人，比较不会因为自己遵守道德规范，就用道德规则去要求别人。这也减少了因道德规范引发的社会纷争。虽然，德性伦理学属于人类社会较为古代的产物，在现代却发现其重要性，如果能够普遍成为一般大众的处事原则，社会一定会更美好。这也是孔子周游列国期望追求的理想社会。

培养德性的挑战

在德性的培养过程中，要对抗的是人的私心大敌。每个人天生都有私心，即使理智上接受德性伦理学的观点，相信德性的生活才是最幸福的人生，但在培养的过程中，还是会不断面临挑战。

举例来说，一个学生在面对一门很无聊的课程时，当其他同学都靠考试作弊以求解脱，这个学生能否坚持不作弊的原则，继续培养诚实的美德呢？如果坚持下去，别人纷纷成功脱离苦海，自己却仍旧在挣扎，有多少人能够在这种环境中完成德性培养的大业呢？一个商人坚持不偷工减料，不用不正当的手段打击同业，但最后在竞争中落败，关门大吉，有多少商人会在这样的局面下继续坚持德性？

当越来越多人不愿走上德性培养的道路，不愿成为真君子，那么想借由德性获得幸福的人将难以达成目标，说不定反而会通往不幸的终点。因此，如果一个国家或社会期待达到孔子理想社会的境界，就必须先建立良好的环境，让投机者容易失败，而有德者容易成功，别让想培养德性的人永远处在吃亏的一方。否则，在成为君子之前，大多数人可能已经失败或是放弃了。这就缺少了让人有道德的好理由。

32 仁心佛性论

儒家与佛教主张，人天生就有仁心与佛性，随着这些天性自然而然会行善。自私的人实际上只是被欲望遮蔽了本心，只要克服错误的观点与妄想，让本性得以彰显，每个人都会是有德之人。

利己等于利他

即使真是如此，我们还是可以问，为何一定要让本性彰显呢？如果认为现在很自私的生活感觉不错，又何必改变？而且要明心见性，谈何容易，成功的少，失败的多，何苦走这一遭，就快快乐乐、自由自在地生活不是很好吗？

问题在于，儒家与佛教思想包含了人生意义的观点。明心见性是人生的目的，当这些天性极致发挥时，就能实现成圣成佛的大业。这是整个生命追求的终极目的，当然是一个成为有德者的好理由。然而，这个理由需要诉诸某种特定的信仰，就像基督徒认为，信仰上帝且不犯罪的人能上天堂，这对于相信的人有用，但对于不相信的人来说，则缺乏行善的动力。

针对德性伦理学与仁心佛性论，我们可以问一个问题，这两者算不算也是一种利己主义呢？为了获得个人幸福而培养德性，为了成圣成佛而发挥仁心与佛性，从这样的说辞来看，似乎也是一种利己主义，因为其实践道德行为的背后仍有目的，在于获得某些个人想要追求的东西。

不过，这里面有歧义的问题。就算勉强说它们是利己主义，其所利的“己”与真正利己主义的“己”是不一样的。这个“己”其实已经包含了他人，是一种自己与他人混合的共同体，利己的同时也有利他（帮助他人）的成分。当一个有爱人德性的人为他人的痛苦而感到痛苦时，虽然帮助别人化解了自己这种痛苦，但由于同理心的作用，这时候的自己某种程度包含了他人，所以利己的同时也在利他，或者说，要达到利己的目的，就必须先利他。

通过电脑成佛的思想实验

我们可以做一个思想实验，来判断这种仁心或是佛性的发挥，算不算是一种利己行为。

假设可以通过电脑虚拟情境的设计培养佛性帮助别人而成佛，受到帮助的人实际上都是电脑虚拟人而非真人。现在让想要培养佛性的人做一个选择，可以在真实世界中帮助真人，也可以进入虚拟世界的模拟去帮助电脑虚拟人，假设效果相同，这些人会怎么选择呢？

从对于具有高度德性者的了解来看，大概不会有人选择虚拟世界，因为他们不仅仅是为了成佛，而是发自内心想要真正帮助别人。这是电脑虚拟世界所不能达成的目标。相较之下，真正的利己主义者很可能会选择电脑虚拟世界，因为这样比较不麻烦，甚至觉得自己既然可以获得想要的利益，又可以不用帮助真人，实在是太完美了。从这点不同来看，我们可以主张说，依据德性、仁心以及佛性去实践道德的人，不适合归类为利己主义。

最后一个鼓吹要有道德的理由，就是本篇一开始讨论到的，希望共同建构一个人人有道德的理想社会，而这样的社会对大家都有益。

简单想象一下，如果没有人当贼，我们就不用再去防贼了，提款没有这么多限制、住家省去安装铁门铁窗、每天出门也不必带钥匙，这样的生活不是很好吗？

新一代的哲学问题

如果人人都不去害人，而是互相帮助，我们就不用去防卫陌生人，人与人之间的距离便拉近了。如果人人都不再恶性竞争，而是互相赞美与鼓励，生活就没有这么多压力。当道德成为一种文化，影响着全体人类时，大概就是人间净土的来临。这个理想和当今台湾最大的社福团体——慈济的宗旨类似，希望借由发挥菩萨心，帮助众人，不做恶事，让人间社会成为一个美好的社会。

然而，人们的私心总是不断阻挠理想社会的来临，尤其当越多人愿意遵守道德规范的同时，暗地里偷偷作恶的伪君子就能获得越大的利益，而且由于容易获得宽恕，其作恶的危险性越小。也就是说，越接近理想社会的同时，让人想在暗地里作恶的诱惑就越大。除非大家都能了解，人间净土必须由所有人共同完成，并且愿意加入实践这个理想，否则想要达成这一目标，可说是难上加难。

从这些实践道德的理由来看，当某个人回应，“第一，没兴趣成圣成佛；第二，不想辛苦培养德性，只想轻松愉快过生活；第三，当某些道德行为明显对自己不利的时候，便不想遵守了；第四，对这种人间净土没兴趣。”那么，我们还有什么好理由鼓励别人遵守道德规范吗？这个问题就留给新一代的哲人们来思考了。

第4篇　形而上学

这是个怎样的世界？

心灵也不存在
取消式唯物主义
机器也会
有心灵
功能论
心灵就是
大脑
同一论
NO!
只有物质
存在
YES!
而且物质也
真实存在
YES!
但物质并非
真实存在
心物二元论
唯物论
与当代科学
倾向否定
倾向支持
自由意志
存在

对!
我们看到的
就是世界的
真相
直接实在论
对!
但我们只是
间接认识这个
世界
间接实在论
不一定
们只能确定
现象的存在
现象论
对!
但我们无法
认识真实世界
(物自身)
康德
纯粹理性批判
世界真实存在吗?
非物质灵魂存在吗?

33 哲学始于惊奇

许多哲学入门书在一开头会说，“哲学起源于惊奇。”用英文来说则是“Philosophy begins in wonder”，这个说法可以追溯到古希腊时期的苏格拉底、柏拉图与亚里士多德。其实，这里中文翻译成“惊奇”并不是很贴切，大多数人对哲学思考产生兴趣时，应该没有什么“惊奇”的感觉。这样的说法会让人误以为，只有某些特殊的人会对哲学感兴趣。然而，以英文的 wonder 来表达让人比较能够感同身受，因为多数人会对某些传统哲学问题（比如宇宙到底是个什么样的东西）产生 wonder 的情绪作用。

Wonder 这个字要表达的是一种“感到疑惑而且想要知道”的好奇心。当古代一个山中少年望向远山时，他会疑惑山的后面是什么，而且很想知道。这就是 wonder 的情绪。这种情绪驱使他发问，甚至瞒着大人，忽视未知的危险，偷偷跑去找答案。冒这样的风险，究竟为了什么呢？有时自己也说不上来，甚至没有什么明显的好处，纯粹只是想要知道而已。

这种最原始的求知欲几乎可以在所有小孩的行为中观察到。没有特定目的，也没有期望得到什么好处，经由非常单纯的好奇心驱使，我们探索着这个世界。可以说所有人从小就是个哲学家。

世界是由什么构成的？

当古时候的人们看见满天星光时，也会感到疑惑并且想要知道，这些星星究竟是怎样的一种东西；当遭遇地震、风灾等各种自然现象，也会想知道，为什么会发生这种事情。

由于人们对世界充满好奇、感到疑惑、想知道答案，当没有答案时，便自己去思考，找出合理的解答，因而形成了最初的哲学体系。就像有哲学之父称号的古希腊哲人泰勒斯（Thales of Miletus, 624BC—546BC），他就主张，“世界由水所构成。”他企图把所有的一切还原到最简单的存在。目前我们已经不清楚他为何这样主张，但只要思考一下也不难猜想。他选择水的理由可能是因为希腊拥有大量的岛屿，海岸线很长，很容易看到海水。而人、动物、植物也都必须不断喝水才能生存。很可能基于这些理由，他认为水是一切的根源。

有了最初的推理与观点，人们就比较容易找出更合理的想法。所以，在泰勒斯提出这个观点之后，有其他哲学家认为“气”作为一切物体的起源更合理（可能是因为水沸腾后会变成气的关系）。另外，也有哲学家主张，物质不是由任何可观察的东西所组成，而是由一种看不见也无法再分割的最小物体所组成。也有主张“地、水、火、风”四大元素，加上“爱与恨”两股力量来解释世界的运作。这个想法就跟中国传统用“金、木、水、火、土”五大元素，加上“相生、相克”两股力量来解释整个世界的运行很类似。

虽然这些理论都很有趣，在古代也算很合理，但是关于“基本物质是什么”，以及“基本运作力是什么”的哲学理论，到了现代可以说都落伍了。因为，我们已经有相当程度的能力可以观察更细微的物质世界及其运作方式，当今科学接下研究这些问题的使命。所以，哲学上几乎不会再有人提出关于基本物质是什么的哲学理论。除非想去挑战当今科学某些不合理的观点，否则我们就先采用科学的解答。

世界上的一切物质由质子、中子所组成的原子核，加上围绕着原子核的电子所组成。另外还有分布在其他地方作用的光子和微中子等等，质子和中子可再分解成各种夸克。支配这些物质的，是由重力、电磁力、强力以及弱力所组成的四大基本运作力量。这些物质与基本力，形成我们所看见的整个动态世界。

然而，目前的科学理论还不完全，仍在发展中，也有许多难以解释的问题，像是“粒子为何会无中生有？”“粒子为何会有随机现象？”“因果关系到底是怎么来的？”这些难以解答的问题也还是有哲学思考的空间。

形而上学探讨的问题

这些源自于对世界的各种存在感到“惊奇”而形成的哲学，就是哲学类别中的“形而上学”。有别于探讨人生意义的人生哲学，以及探讨道德问题的伦理学，形而上学就是探讨事物是否存在，及其存在本质的各种理论。所以，形而上学也可以说是哲学的开头，就是由人类天生想了解世界的求知欲所展开。

现代人对于形而上学的兴趣似乎愈来愈低。我猜想，因为求知的好奇心普遍低落，而这个源头应该是教育方法的改变所造成。由于现代世界教育普及，时间到了就去学校接受教育，而且愈来愈重视考试成绩，学生们往往在对知识感兴趣之前，就开始被迫学习，被无情的考试压力转移了注意力。这让人眼中只看到成绩，而对学习愈来愈没兴趣。就像在感到饥饿之前就一直吃东西的人，不会对食物有什么好感，甚至想到就觉得恶心。这种学习风气转移了人们的好奇心，破坏了对知识的渴望，也阻碍了对哲学的兴趣。

然而，求知的天性是无法抹灭的，就像只要肚子饿了，一样会想吃；只要脱离了被迫学习的环境，求知欲也会慢慢重新回来。所以，许多人往往在离开学校之后，才开始真正想要学习。

只要求知欲在心中出现了，我们就会和古人一样，开始感到wonder，除了对“人生的目的是什么”，以及“人们应该做什么”等问题感到好奇之外，我们也会对生活的世界感到好奇，很想知道这是一个怎样的世界。而且，当我们对世界真相了解愈多，也愈有能力推理“人生的意义”以及“道德的根源”等问题。于是，我们转移了注意力，阅读现有的科学成果。对于科学尚未能解释的部分，或是对科学解释不满意的时候，我们启动思考，寻找合理的解答。现在就来看看，古人在形而上学领域，留给我们什么样的思考线索，开发了多少我们还不知道的思考领域。

34 实在论：世界真实存在

人们从小探索着世界，这是椅子、桌子、星星、月亮、太阳。正常状况下，我们不会认为这些东西是幻影，只要是看得到，摸得到，我们就相信它们的存在。但在深入思考后，或许会认为某些东西不太真实，像是彩虹、影子，但至少总有一些东西是真实存在的吧！只要相信有真实存在的事物，就可以算是一种实在论（Realism）的主张。

世界真如我们所见那般存在吗？

我们对事物的认识不仅针对它们是否存在，而且也认为这些事物的存在状态，就如同我们所见那般。直到原本的认知出现错误或是不协调的情况，才会开始产生困惑与思考。例如，从不同的角度来看，同一件物体可能有着不太一样的颜色；不同的人在同一个地方，可能有人觉得热，有人觉得冷。这些互相冲突的属性不会都是物体的真实属性吧？

为了说明这种情况，17 世纪的经验主义哲学家洛克（John Locke, 1632—1704）把事物的性质区分成初性与次性。初性属于原本事物的特质，像是物体的体积、质量、长度，这些比较不会有因人而异的情况发生。而次性则较依赖感官知觉，像是颜色、气味。这个观点使得实在论从“直接实在论”（Direct realism）转变成“间接实在论”（Indirect realism）。

TIPS **经验主义与理性主义之争**

在西方17至18世纪有所谓的经验主义与理性主义之争，针对的是知识的起源与是否存在有先天知识的问题。经验主义以洛克、柏克莱、休谟为主要代表。认为人天生就像白板一块，不带有任何先天知识，而一切知识都起源于感官经验。理性主义（以笛卡尔、斯宾诺沙、莱布尼茨为代表）则认为人天生具备基本数学与逻辑等先天知识，所以并非所有知识来自于感官经验。

“直接实在论”主张，我们所见的世界就如我们所看见的那样真实地存在。这样的实在论也被称为“天真的实在论”（Naïve realism），意思是说，这样的想法太天真了，属于一种未经思考的判断。

从照单全收到开始怀疑

人们在开始认识世界时，的确是抱持着这种直接实在论的观点，把感官所接收的信息照单全收，直到有一天，我们发现有些东西的真实状态似乎和我们所见不同，这时便会产生疑惑。而这疑惑会像传染病一样，让我们开始怀疑其他事物。

首先，第一个很可能会在日常生活中发现的是，“竹竿插入水中变弯曲了，而拿起来的时候又恢复原状。”这可能吗？不太信任这种视觉效果的小朋友可能会做一个实验，把手伸进水里摸摸看，察觉竹竿其实并没有变弯，于是发现原来这只是视觉上的假象。

第二个容易出现的经验是，“铁轨看起来不是平行的，而是在远方愈来愈接近，甚至交错了。”这不太可能吧？这样火车怎么在上面行驶呢？有实验精神的小朋友便到铁轨的另一端看看，发现那边铁轨也是平行的，但回头观察刚刚站的地方，却是几乎交错的。这样的落差让有思考能力的人们相信，视觉有时会产生错误。当开始用怀疑的态度重新观察与反思，我们可以发现，所有的感官知觉都可能产生错误。那么，我们将如何了解事物的性质呢？

有了这些怀疑之后，我们发现，从感官上对于事物的直接认识比较主观，而且可能属于观察者自己的想法。像是以颜色来说，事物本身可能没有所谓的色彩，颜色来自于观察者的大脑，也就是说，颜色是我们自己制造出来的，不是物体本身的性质。但有些事物的性质，比较不直接依赖感官，可以使用仪器测量，像是体积、质量、长度等性质，这些性质就相对客观，也较值得信赖。这样的想法就让我们的观念从直接实在论转向间接实在论。也就是说，我们并不是直接认识事物，而是通过感官加上一些理性思维间接地认识事物。

虽然这样的想法蛮合理的，但一样会面临挑战。因为，不管直接或是间接，我们对事物的认识都依赖着感官知觉。如果感官知觉不值得信赖，不管是初性或是次性，都可能是错的，它们实际上只有程度的差异而已。

而且更糟的是，在这样的情况下，既然我们对事物的所有认识都可能是错的，凭什么主张事物是真实存在的呢？这不仅让直接与间接实在论的区别受到挑战，甚至连实在论本身也受到挑战。

“物自身”不可知

18 世纪哲学家康德认为，无论是初性或是次性，都是相对主观的性质，而真正客观的性质是不能通过感官知觉认识的。他把这种绝对客观的事物称之为“物自身”，所以他主张，“物自身超出了理性的认知范围，它们是不可知的。”

问题来了，既然物自身不可知，康德又凭什么可以主张物自身的存在呢？针对这个问题，康德并没有一个很好的答案（虽然他认为道德实践可以触及物自身，但触及的范围却不是我们目前所讨论的属于知性的部分）。然而，我们可以帮他找到一个看起来还算不错的理由。通过“凡事必有因”来推理，既然我们可以观察到这么多各式各样的事物性质，就算这些性质都是错的，但总有个产生的源头吧，其源头就可以称之为物自身，所以，物自身是存在的。

这个想法在我们习惯的思考中，应该是非常合理的。但是，事情没这么简单。至少，如果康德要用这样的理由来主张物自身的存在，他会面临很大的挑战。

“凡事必有因”，这个想法叫作因果律，意思是说，任何事物的发生都有其原因。例如，当我们听到一个声音时，会去寻找这个声音的发生源头。我们不会认为这个声音是无中生有的。我们通常也都找得到源头，就算找不到，会认为是还没有找到，而不是没有。基本上，我们很难想象一个事物的发生是没有原因的。虽然，因果律很符合我们的直觉，但是，我们很难确认因果律是一个客观事实。因为，如同康德所认为的，“因果律”本身也不是物自身，而是我们用来观察世界的一种方式。

TIPS 休谟对因果律的怀疑与康德的解决之道

18世纪经验主义哲学家休谟认为，一切知识起源于感官经验，但是，我们没有任何感官经验可以证明“因果律”的存在。当我们看见A球碰撞B球，而且B球开始滚动时，我们所看到的只是“碰撞”与“滚动”两个事件的前后发生顺序，并无法观察到它们的确有个内在的因果联系。因此，我们其实没有什么好理由主张因果律真的存在。这是休谟对因果律提出的怀疑。康德也同意这样的怀疑，他进一步提出，因果律是内建在我们认知系统中的东西，我们用因果律来解释所观察的事物，但在真实世界中，因果律是否存在的问题，则是我们无法确认的事情。

当我们要用一个东西来推理哪些事物是真实存在时，必须先确定这个东西的真实性。然而我们无法先确认因果律的真实性，因此我们最多只能说，如果因果律真实存在，那物自身便很可能会存在。但是，如果因果律只是一个虚构的东西，我们又怎能用它来作为一个推理真实世界的工具呢？

既然很难确认物自身的存在，我们也就很难确认世界上有真实的存在物。在这种情况下，“实在论”的合理性就减弱了。如果我们暂时放弃实在论，是否有更合理的理论呢？或许，“现象论”（phenomenalism）是一个可以考虑的选项。

35 现象论：存在的只有现象

“实在论”的基本主张是，世界是真实的存在。这并不像某些佛教派别所说的一切都是梦幻泡影。其实，现代大多数人也都这样认为，除非有特别的想法或是理由，否则我们不会认为自己生活的世界是不存在的。然而，到底哪些东西是真实存在？这个问题大概会比较有争议。一般来说，我们相信车子、大厦、花草树木都是真实存在的，而借由幻觉所产生的东西是不存在的，错觉则是错误地解读存在事物。不过，有些东西的存在状态很不确定，例如，灵魂存在吗？运气存在吗？心灵存在吗？这些概念虽然在日常生活中常被使用，但我们很难确认其存在地位。

另外，柏拉图认为真实存在的东西是在理型界，而不是在我们现在所生活的世界。这种观点也算是一种实在论，因为至少相信有真实世界的存在，只不过其所相信的，不是我们正在生活的世界而已。

现象背后的实体在哪里？

当今科学认为，我们现在所生活的世界是充满真实物质的，只要不是像海市蜃楼般的幻觉，我们所看到的东西都是真实的存在物。科学甚至主张一切存在物都是物质，除此之外别无他物。至于心灵就是大脑的作用，而“运气”与“灵魂”之类的东西，无法在当今科学中找到任何存在基础，倾向于认为它们只是错觉或是虚构的存在。

在人类历史上的某一天，有个人做了一个栩栩如生的梦，梦醒时，他疑惑着，“究竟现在的我，还是刚才在梦中的我，才是真实的呢？”庄子在梦到自己是蝴蝶之后，有了这样的感觉，他思索着：“究竟是庄子梦见自己是蝴蝶，还是蝴蝶梦见自己是庄子呢？”

电视剧中，常常有一些方法用来分辨做梦与否。例如，捏自己一下或打自己一下看会不会痛，然而这种方法是没有用的，因为在梦中我们捏自己的时候，一样会以为自己在痛。原本以为区别梦境与真实世界是很简单的事，但当我们仔细思考之后会发现，我们根本无法区别它们。尤其最麻烦的问题是，无论是庄子或是蝴蝶，都有可能是另一个存在者的梦境。两者都是梦，只不过一个是梦，另一个则是梦中之梦。如果真是这样，那么我们用以认识这个世界的所有想法、观念、法则，以及对这个世界所认识的一切事物，有可能全部都是错的，全部都是不存在的。真正存在的东西是什么呢？我们完全没有任何依据可以思考这个问题，甚至主张其存在的理由也没有。在这种情况下，我们只能说，“存在有我们所观察到的现象，至于现象背后是否有个‘实体’，我们不知道。”这就是现象论的基本主张。

现象论并不一定要否认真实世界存在的可能性，但是，由于我们无法证明真实世界真的存在，因此只能说，我们观察到的一切都是现象，至于现象背后是否有真实的存在物，我们没有什么依据可以做出任何好的主张。那么，我们就不用理会所谓的实在界，只管现象界就好。

较极端的现象论者则主张实在事物是不存在的。通常，在哲学上要主张“什么东西不存在”都是很困难的，除非某个东西的存在会导出矛盾，或是产生不合理的局面，否则我们很难有什么理由主张某个东西不存在。最常见的理由也只是，当没有任何可靠证据证明某个东西存在时，我们就主张其不存在。

“桶中之脑”的思想实验

这种极端的现象论和实在论哪个比较合理呢？回答这个问题的关键点在于，我们是否可以合理假设事物的存在并不是虚幻的？以下借由一个称之为“桶中之脑”的思想实验来讨论这个问题。

假设某个疯狂科学家把小王的大脑取出来，放在一个培养槽中，并且插满各式各样的电线，输送各种关于外在世界的讯息。从早上起床、刷牙、吃早餐、在山中小径散步、思考哲学问题等等，全部都是由电脑输入的讯息。在这个假设下，小王的真实存在，只是一个桶中大脑。但是，这些讯息让小王误以为他活在18世纪，以某个哲学家的角色生活着，每天在固定时间外出散步。由于一切经验都由大脑接收信号后制造出来，栩栩如生，如同生活在真实世界，所以，小王会认为他所见的一切都是真的，他也自然成为一个实在论者。但是事实上，他所见的一切都是虚构的。在这种情况下，就算小王想到，说不定自己只是一个桶中之脑，他也无法分辨究竟自己是否真的是一个桶中之脑。如此一来，我们似乎完全没有什么合理的理由，可以用来否定这种“外在世界不存在”的可能性。

或许有人会说，那至少有大脑和疯狂科学家的存在，这样的假设才成立。只要他们存在，这个世界还是真实存在的。也就是说，虽然小王所看见的世界完全不存在，但这个世界背后还是有真实存在的世界。

然而，这样的反驳完全没有用。因为，我们很简单就可以换一种假设让科学家和大脑不见。例如，为了达成某个目的，神让每一个灵魂产生这个世界的幻觉，让我们误以为生活在这里，但一切都不存在，根本没有任何物体是真实存在的。

在这样的假设中，所有物体的存在基础全不见了。虽然，我们还是可以说，至少神和灵魂存在，但这就模糊了实在论的基本主张，因为当我们把神或灵魂也当作真实存在物时，就跟被称为“现象”的东西几乎没有差别了，这就已经靠向现象论了，或至少跟原本的实在论主张不同。

所以，从理论上来说，想要建立一种实在论的主张，在这个思路下变得非常困难。这跟我们一般日常生活的想法差异很大，平时认为理所当然、最明显的存在事物，反而很难确认其存在地位。然而，如果我们换一种思考方式，或许结果会很不一样。一个 20 世纪末期兴盛的新观点，让原本认为最没有深度的天真想法——直接实在论，站上思想的领导地位。

36 直接实在论：世界就如同我们所见的那样存在着

直接实在论的崛起主要在于对“绝对客观”这一观念的否定。在康德（以及多数人）的观念中，绝对客观的事物是存在的，也就是说，当所有一切会思考、会认知的存在体全部都消失后，这个世界依然如其所是地继续运作着。这个想法跟现代科学的观点一样，认为物质有属于自己的客观存在性，不会因为认知者的不同而有所不同。到这里，这个观点还没有什么大问题。但是，我们可以再问，这些绝对客观的事物，是否有属于自己的绝对客观性质呢？这个问题会给这种观点带来大麻烦。

“绝对客观”制造的困局

首先，如果它们有属于自己的性质，这些绝对客观事物的性质为何？当然，我们无法了解它的性质，因为只要我们了解了，它就不完全是客观的了。因为，了解本身就是一个主观活动。也就是说，不仅人无法了解，任何认知者（就像是各种外星生物）都无法了解。在这种情况下，我们根本没办法谈这些“绝对客观事物”的性质是什么，甚至连说其有某个性质都不行，因为，如果根本不可能被认知，那样的性质如何算是一种性质呢？

我们或许可以说，这些绝对客观事物是没有性质的。然而，如果我们这样说，这种没有性质的存在物是怎样的一种存在呢？我们如何想象一种“没有性质”的存在物？既然理论上有这样的困难，为什么还要坚持假设这种难以想象的存在物？

在康德的时代，他称这种绝对客观地看事物观点为神的观点。也就是说，神可以直接看见物体的绝对客观性质。到了当代，哲学家们不再喜欢用神来解决哲学问题，这样的假设性解释就变得没有任何说服力。

遇到这样的思考难题，我们可以先退一步，放弃会让我们陷入困局的“绝对客观”的观念，也就是康德所谓的“物自身”想法。假设所有物质的性质都是相对主观的，从不同的认知者来看，会看到不同的性质，但这些所有的性质都属于物质的性质，“事物就是依据我们所观察的这样存在着，因不同的状况、不同的认知者，会呈现出不同的样貌。”这就是当代直接实在论的主张。

“钞票”不止是“钞票”

当代哲学家塞尔（John Searle, 1932— ）也提出，这样的直接实在论观点才更能符合我们日常生活的各种存在观。例如，“钞票”、“改锥”等事物的存在就不可能完全客观，因为这些东西的存在必须将人类的心灵与社会活动纳入考量，才能确定其存在性。如果坚持客观，我们必须否定这些东西的存在了。直接实在论观点就不会有这样的问题。

从这个角度来说，直接实在论接受物体本身的客观存在性，当一切认知者都消失时，所有物体仍然继续存在。只不过，没有所谓的绝对客观的物体性质，所有性质都是相对主观的，而且这些性质就是物体本身的性质。我们认识的世界，就是这个世界本身。

那么，该如何解释错觉呢？难道错觉也是物体本身的属性？例如，铁轨在远方真的有交错吗？事实上，对于直接实在论来说，“铁轨在被人类视觉观察时，会在远方呈现出交错的状态”，这的确是物体本身的性质之一。当我们抛弃了以绝对客观性质来理解客观事物之后，以主客作用的方式重新理解物体时，理论的内在困难似乎真的比其他理论更少了。

37 灵魂存在问题

在讨论各种存在问题时，一般来说，除了幻觉之外，我们比较不会去质疑各种物体的存在。然而，与我们生活最息息相关的一样东西的存在状态却没有这么明显，针对这样东西存在状态的讨论，一直是哲学上很重要的焦点，从古至今，未曾间断。这个东西叫作：“心灵”（mind）。

许多人类文明都自然而然会发明一个字，象征着心灵的独立存在地位，当人生命丧失之后，心灵仍旧以某种方式存在，我们将这样的存在体叫作“灵魂”（soul）。那么，灵魂真的存在吗？

心灵哲学与唯物论

这个问题对人生的重要性并不亚于神存在问题。如果灵魂不存在，表示人在生命丧失之后不再继续存在，在这种情况下，人生是很难有什么特别意义的。

如果灵魂存在，我们要问的另一个问题则是：“灵魂是由什么东西构成的？”如果灵魂不存在，我们便想问：“心灵既然不是灵魂，那么它是如何产生的？”当然，更深入的思考也可以探索“心灵究竟是什么？”甚至，“心灵真的是一种存在现象，还是只是一场幻觉呢？”这些问题构成哲学上的一大分支，就叫作“心灵哲学”（philosophy of mind）。

在心灵哲学问题中，主张灵魂不存在，而心灵是由大脑等物质所构成，这样的想法偏向“唯物论”（materialism）。唯物论认为世界上一切存在事物都是由物质所构成。当然，唯物论也不一定要否定灵魂的存在，如果灵魂由物质所构成，也可以符合唯物论的主张。虽然的确有些实验主张可以借由测出灵魂的重量（死后比死前重量轻一些），来证明灵魂的存在以及灵魂是由物质所组成，但这些实验充满了争议，很难让人信服。

TIPS 灵魂重量的实验

在 20 世纪初期，美国马萨诸塞州一家市立医院的麦克道格医师企图去测量灵魂的重量。他在病床装设可以测量重量的仪器，当病人断气的瞬间，他发现病人少了约两个银币的重量，也就是大约 21 克。之后又有类似的发现，虽然发现的重量不同，他仍然认为，灵魂是有重量的物质。但在他之后，也有一些科学家陆陆续续尝试做了类似的实验，却无法获得类似的结果。

我们很难想象在物质身体死亡后，还能有什么样的物质继续存在，而且更难的是，这样的物质如何能够保持我们心灵的运作。所以，抱持这样主张的人很少，一般来说，唯物论几乎就是否定灵魂的代名词了。

心物二元论、唯心论、取消式唯物主义

如果主张灵魂存在，大多认为灵魂属于完全不同于物质的另一种存在实体。“实体”这个词的意思就是“实际存在的物体”。这种观点，主张实际上存在有两种不同的实体，称之为“心物二元论”（mind-body dualism）或简称为“二元论”（dualism）。这两种不同的存在实体，一

是物质，另一则是非物质的灵魂，而这非物质的灵魂就是构成我们心灵现象的要素。

另外，从认知的角度来看，由于一切思想都是主观的，我们从来就没有任何直接对客观事物的认识，所有的事物都必须被我们认知到了，我们才能确认它们的存在。例如，我相信眼前这本书存在，那是因为我看到它、摸到它。当我们看不见又摸不到时，就不会相信它的存在。也就是说，我们实际上是依赖感官知觉来确认一个物体的存在。只要有感官知觉，无论事物是否真实存在，我们都倾向相信其存在；反过来说，如果没有感官知觉，不管事物是否存在，我们都倾向于认为其不存在。在这样的情况下，感官知觉这种心灵作用比物质的存在还要更为基础，物质是否存在必须仰赖心灵的作用。从这样的观点看世界，有些哲学家主张，一切物质世界的事物都是虚幻的，而心灵才是真实存在的。这样的观点则称之为“唯心论”（idealism）。

到了现代，由于最热门的唯物论遭受“意识问题”的挑战，导引出一种很特别的唯物论，称为“取消式唯物主义”（eliminative materialism）。这种唯物论不仅要否定灵魂的存在，甚至认为“心灵”都是个很有问题的词汇，并主张一般所说的“心灵”，其实没有正确对应到真实世界的任何东西，所以甚至可以说，心灵是不存在的。这个看似很荒唐的想法，背后却有着很强的支持理由。后面几个篇章将讨论这些理论。

38 心物二元论：心灵与物质两者并存

许多文化传统相信有灵魂的存在，虽然大多没有针对灵魂的组成究竟是什么的问题有所讨论，但基本上会认为是一种和物质不太一样的存在方式。例如，能飘在空中或是能够穿墙。这些观点大都接近心物二元论的主张，认为心灵与物质是属于完全不同的实体（即实际存在体）。那么，这个主张的理由是什么呢？

笛卡尔区分物质与心灵

理由其实不难推想，应该是从直觉上来看，心灵和物质有着非常大的差异。我们可以借由内省发现心灵的各种作用，像是生气、感恩、快乐、满足。借由对外的观察我们了解物体的各种性质，像是发光、破裂、流动、落下。外在事物和心灵的性质差异让我们觉得这两者应该是不同的存在体。

从这个直觉来说，我们不易解释清楚两者的主要差异何在，因此其说服力会比较弱。然而，哲学家笛卡尔却找出了其中最大的差异。他认为，心灵的主要特质是“思想”；而物质的主要特质则是“占有空间”。反过来说，心灵不占有空间，而且物质也没有思想。这样的一个清楚明显的巨大差异，让笛卡尔可以更有说服力地主张，心与物是完全不同的实体。这也就是心物二元论的基本主张。

笛卡尔继续研究心灵与物质的各种特性，他认为，虽然心灵与物质是不同的实体，但两者间具有交互作用。心灵会影响物质，就像是紧张（心灵作用）的时候心跳会加速（物质的作用）；而物质也会影响心灵，就像受伤（物质的作用）的时候会感觉到痛（心灵作用）。

这两个主张（心物属于不同实体，以及心物有交互作用）合起来称为“笛卡尔式的心物二元论”（Cartesian dualism）。这两个主张虽然都很符合我们的观察与直觉，但是不太合理，因而引发许多人的质疑。试问，不同实体之间要如何交互作用呢？一个不占有空间的心灵又怎么去影响一个占有空间的物体呢？这些问题称为“传统心物问题”，是借由对笛卡尔式的二元论提出挑战，而形成的问题。

心灵与物质有交互作用还是平行？

笛卡尔把心物二元论变得比较理论化、条理清晰，也比较有说服力，但是同时也带进了传统心物问题，让笛卡尔心物二元论的支持者伤透脑筋。其实，多数人想法倾向于笛卡尔，情绪上通常也比较喜欢这样的理论。但是，如果你想要支持笛卡尔，你就必须回答：“既然心与物是不同实体，它们究竟如何能够交互作用？”或许有人会说，“其实这并不难，只要把心灵想成是一种能量，能量影响物质，而且物质反过来影响能量，这不就解决了吗？”

这个答案或许在笛卡尔时代可以算是一种好的回答，但现代不行，因为依据现代物理学的定义，能量事实上就是物质的另一种表现形式。

TIPS

能量就是另一种质量（$E=MC^2$）

物理学家爱因斯坦提出了能量与质量可以互换的公式，而且也获得了实验证实。这个公式就是著名的 $E=MC^2$。E 代表能量，M 代表质量，C 代表光速。由于光速是一个恒定不变的常数，所以，质量与能量的换算值是固定的。只要技术上没有问题，理论上来说，有多少质量就能转换成固定数值的能量，反之亦然。所以，能量与质量就形成了物质的两种不同表现形式。它们可以说是一体两面的存在体。

当我们说物质时，其实就包含了能量。如果把心灵当作是能量，那就会变成唯物论了。所以，心灵必须是别种存在物，而这种完全不是物质也不是能量的东西，究竟是要怎样影响物质呢？这是一个难以想象也难以回答的问题。当然，并不是不可能，我们可以假设有一种目前还完全不了解的存在体，且可以和物质交互作用。这个假设不会导致任何矛盾，不过只能发展到这个假设阶段，虽然合理，但在几乎没有其他更好的理论或是证据的支持下，这个理论的说服力会降到很低。

传统心物问题让支持笛卡尔的人难以回答，因此有哲学家转而主张，“不同实体的心跟物是没有交互作用的。”这样的主张称为“心物平行论”。但这个主张让人觉得更不合理，因为心物交互作用实在太符合我们的日常观察了，如果要放弃这个观点，不如放弃“两者是不同实体”的二元论观点。于是心物二元论的合理性暂时走了下坡，取而代之的是把心物来源视为同一实体的“一元论”主张，其中有唯心论与唯物论。

39 唯心论：世界是由心灵所构成

唯心论主张："这个世界只有心灵真实存在，物质是由心灵所创造出来的一种想象。"如果是第一次看到这个想法，大概会觉得很怪异，难以置信，甚至无法想象。要理解这个理论，我们可以从类似《黑客帝国》这部电影的一个想象谈起。

线上虚拟游戏的真实世界

"我们以为自己生活在21世纪初期，但事实上，这一切都只是人类曾经有过的一段历史。现在可能是30世纪或甚至是40世纪，地球早已被电脑人所统治，电脑人为了要取用人脑运作时所产生的能源，把每一个人的大脑接上数据线，输入21世纪的各种生活讯息，让我们误以为自己生活在这个时代。"

假设这个想象是正确的，我们是否能够经由推理发现这件事呢？答案应该是"办不到"。除非我们能够拔掉数据线，从假象中挣脱出来（就像从梦中醒来一般），否则永远无法知道原来我们所观看的一切都只是电脑信号而已。其实，也可以不要用这么科幻的想象，只要思考当我们在睡梦中，是否能够经由推理发现自己正在做梦？然而，唯一能让我们确认做梦的，似乎只有当我们离开梦境醒过来的时候。

这样的假设仍旧不完全是一个唯心论的世界，因为还是有所谓的真实世界以及真实的大脑存在。但我们可以说，从电脑控制的世界和梦中的世界来说，一切都不是真实的，唯有思想是真实的存在。那么，这就是一个唯心论的世界。

再看看现在所生活的世界，我们如何知道自己不是在做另一个梦呢？如何知道自己不是在另一个世界挂满数据线的大脑呢？让我们做一个更合理的想象。假设科技愈来愈进步，可以设计出真实经验一般的线上角色扮演游戏，而且为了逼真效果，我们在游戏中会暂时忘记原本的自己，以为线上游戏就是真实人生。

或许有人会说，这个（让我们以为是真实世界的）线上游戏为什么要做得这么不令人满意呢？有可能我们不是为了“玩乐”进入虚拟世界，而是为了学习某些东西才来的。这样也许还算合理。在这个世界中，我们可以把所有人都当作真实存在的玩家（说不定有些人是没有真实心灵的虚拟人物，像是某些疯狂杀手或是夭折的婴儿），我们可以说，心灵是真实存在的，而一切物质都只是电脑信号造成的。从这样的眼光看世界，就是一个唯心论的世界。只有心灵为实体，物质并非实体。

从这个想象延伸，做一个更深入的假设。如果每一个人的真实存在状态真的只是非物质的灵魂，而灵魂借由某种类似电脑信号的力量，让我们产生 21 世纪世界的想象而生活其中，那么，所有物质都不是真实存在的，也没有所谓的电脑，一切都是人心作用而形成，这就会是一个完完全全的唯心论世界观了。

一朵无人见过的山中小花，它存在吗？

古希腊哲学家柏拉图也可以被视为唯心论者。因为，他认为真实的世界不在我们现在所生活的这里，而是在一个叫“理型界”的地方。那边的一切都是真正对应于我们的心灵（或灵魂）的各种观念，比如对应于圆形的观念就有真正的圆形，对应于三角形的观念就有真正的三角形客观存在着。我们现在生活世界的一切事物，就像是真实世界的影子一样，只保留了部分的原本样貌。也就是说，在目前生活的这个世界中，只有灵魂中的观念是真实存在的，其他都不是。从这角度来看，真实存在物只有我们的灵魂，而包含肉体在内的一切事物都不是真实的存在物。

在柏拉图的世界观中，若要说当今我们所生活的世上一切都是虚幻的，也不恰当，因为这个世界的一切还是分享着真实世界的部分属性。只能说，它们不是完全真实的存在物。但只要其主张符合“这个世界的真实存在物只有心灵（或灵魂），其余皆不是真实存在物”，我们就可以称其为“唯心论”，所以唯心论也可以有很多不同的种类。

18 世纪哲学家柏克莱（George Berkeley, 1685—1753）也是个唯心论者，他主张：“存在就是被觉知（To be is to be perceived）。”意思是说，“当我们说一个事物存在，也就是说这个事物被觉知了。”例如，当我说眼前“这张书桌存在”，那就表示“我觉知了这张书桌”。问题来了，依据柏克莱的想法，是否有可能存在“一朵无人见过的山中小花”呢？一般来说，我们认为毫无人迹的山中也会有小花绽放，但是谁看见了？既然没人看见（觉知），就应该不会有这种东西存在，不是吗？为了回答这个问题，我们来看两种对柏克莱想法的解读。

第一，从认知的角度来解读（也可以说是从知识论的角度来解读），“我们只有觉知一件事物时，才知道（或确认）一件事物的存在。”这个解读并不否认，有可能存在一个从未被任何观察者觉知的事物。例如，“无人的山中开了一朵小花。”这没有人觉知到，但仍旧很可能发生，只是我们没有觉知到，也就难以确认其存在。另外，当所有人从房间里走出来，没人继续觉知这间房间内部的时候，我们相信房间里的一切事物仍旧保持着相同的存在状态，并没有消失，只是我们没法确认而已。这个解读很符合我们的直觉，几乎没有什么争议性。但是，这个解读不能挂上“唯心论”的名牌，因为它接受了心灵之外事物的存在性。

第二个解读是从存在的本性来说，也叫作形而上学的解读，基本上比较符合柏克莱的原意。在这个解读中，“没有被任何观察者觉知的事物就是不存在的”。从这样的定义来说，“山中没有被观察到的小花”以及“无人的房间内部”，这样的事物是不存在的。而且，即使在饭店大厅中的一朵花，只要没人觉知它，它就不存在，直到有人去观察它，它才又出现。

电脑程序跑出的一匹马

这个想法听起来很离谱，很难让人接受。柏克莱自己也不打算吞下这颗理论上的炸弹，因此他主张，因为上帝（一个观察者）观看着这一切，所以无人的山中小花绽放，以及所有人离开的屋子内部，这些都是可以接受的存在物。

当哲学理论遇到困难时，向上帝求助的方法在过去信仰坚定的时代或许有用，到现代大概很难说服人了。不过，有个更好的方法可以协助我们想象与理解柏克莱的理论，通过大胆假设能让直觉上难以否认的外在物质世界，真的都不存在。

再以电影《黑客帝国》的假想来看。电脑程序是随着观察者的存在而形成的，当建构一切事物的电脑程序没有被任何观察者使用，即没有在运作的时候，那些事物当然就不存在了。

玩过电脑游戏的人很容易明白这种情况。当我在游戏的虚拟世界中呼叫一匹马时，这匹马存在，但是当我不再骑马的时候，马到哪里去了呢?马的出现是因为我需要它,把它叫了出来,这时它只是一个电脑程序在运作，而呈现出马的样子与其各种属性。当我不再需要它时，这匹马的电脑程序没有运作，那么这匹马就消失了。至少在那个游戏世界中，马不存在于任何地方。一切事物都是依观察者的觉知而存在，只有心灵是真实存在的。

当我们用这样的观点来看世界时，自然就不存在“无人的山中开了一朵小花”这样的事情。当所有人离开一间屋子时，也就没有所谓“屋子里面”这样的东西了。当没有任何线上游戏玩家进入一个城镇时（例如没人进入魔兽世界的暴风城），这个城镇就不存在。甚至当没有玩家在进行游戏时，整个游戏的虚拟世界就消失了。

从线上游戏的角度思考，可以给唯心论一个较为合理的想象，但是唯心论比较大的麻烦应该是关于“事物的恒常性”。外在物体看起来比心灵更为稳定，心灵是多变的，事物却难以改变。昨天的我和今天的我，在心情上或许会有很大的变化，但昨天这张桌子和今天这张桌子看起来实在没什么差别。在这种情况下，要主张心灵是实在而外在事物是虚幻，似乎很难让人信服。因此，虽然不能说唯心论一定是错的，但是在没有更好的理由支持下，多数人仍觉得唯心论较没有说服力，毕竟物质的存在还是比较实在一点。

40 唯物论：心是由物质所构成

针对外在事物，我们最自然的观点其实就是主张物质是真实存在的。那些看得见、摸得到的东西当然就是实实在在的事物，只有像是幻觉之类的东西才是假的、不存在的。这个观点如果再加上认为“心灵是由某些物质（像是大脑）的作用产生的”，就会倾向于“唯物论”的思想，认为世界上一切存在物都是由物质所构成。

人类智力的最大挑战

心灵真的是由物质构成的吗？虽然当今科学界的确这么主张，但是还没有一个确切的答案，而且这个主张并不算是科学研究的成果，而是一个科学的预设。

通过许多脑伤的研究，我们发现人的心灵和大脑息息相关。当大脑某个部位受伤时，一个人的个性可能会有巨大的转变。例如，大脑前额叶受伤的人可能会变得很淫秽，而且难以抑制性冲动。另外，当大脑化学分泌失调时，人的情绪可能会受到影响。例如，多巴胺的分泌与快乐的情绪有关，一旦分泌失调，就容易形成情绪障碍。这些证据都指向大脑和心灵有着密切的关系，但并不能证明心灵完全由大脑制造出来。因此，主张心灵就是大脑的“心脑合一论”，事实上不是一个科学研究的结果。不过，现代脑科学先做这样的假设，然后想办法在大脑中发觉一些心灵的奥秘，往往有不错的成果。在这种情况下，我们会越来越倾向于相信心灵是由大脑所制造出来的现象。

除非我们可以发现一些难以用大脑解释的心灵现象，否则想去否定唯物论的观点会很难成立。然而，有这些现象吗？事实上是有的。从理论和经验证据上都有，所以这个问题仍然悬而未决。

从理论上来说，有一个问题叫作“意识的问题”或“心之不可还原性问题”、“新心物问题”，也称为“难题”（the hard problem）。这个问题被许多人认为是人类智力的最大挑战。它的问法有许多种，最简单的是：“大脑如何产生意识？”意识（consciousness）现象大概是心灵最核心的特质，但是当企图用任何物理现象或是物理法则来说明如何产生意识时，在我们目前的想象范围内，无法有让人感觉恍然大悟的答案。所有可能的答案都像是跳过一个无法解释的鸿沟一般。

试着想想看，我们可以尝试主张，“某些神经细胞的某种运作，导致快乐的意识现象。”好！我们接着可以问，这些神经细胞的运作是“如何”产生快乐的？快乐到底在怎样的运作中出现？无论给出什么样的答案，这个解释都会像是跳过一个最关键的核心点，怎么样都无法触及到最重要的部分。

如何解开意识的难题？

当代哲学家柯林·麦金（Colin McGinn, 1950—）主张，这是一个无解的问题。他说，假设联结物质与意识的某个特质叫作P，当我们想要解开物质如何产生意识的谜题时，就必须了解这个性质P。性质P既然是联结物质与意识，它应该同时具备两者的某些特质，但是无论如何，我们都无法同时把握这两者。从客观角度来看，我们只能看见物质特质；从内心的主观角度来看，我们只能观察到意识特质，永远无法连接这两者，也就是说，最多只能分别掌握性质P的两种特质，永远没办法把这两者融合为一体。在这种情况下，我们根本无法真正掌握性质P，而掌握到的永远不完整。不可能完全了解性质P，也就无法连接物质与意识。这个难题就是一个永远无法解决的问题。

这个论证有着很高的说服力，但其有个基本预设，认为我们的思考能力无法跨越主观与客观的区隔。这是否真的是人类思考的限制呢？我们是否能够找出另一种解读世界的方法而脱离限制？这是多年来哲学家们一直在寻找的新思路。如果有一天能够突破这层障碍，或许难题将不再是个难题。

当我们在唯物论的假设中发现这个难题时，便可以提出质疑，“既然心灵由物质所造成，为什么无法用物质来说清楚心灵的意识现象呢？”这个问题使唯物论的合理性遭受挑战。而且在难题被解决之前，科学无法真正得出“心灵由物质造成”的结论，所以唯物论目前只能算是科学的假设，不是一个被证实的成果。

在经验证据方面，能够挑战唯物论的，是某些目前仍旧难以被科学所解释的“转世现象”、“灵魂离体”以及“濒死经验”。虽然科学尝试从不同的角度来解释相关证据，但是大都难以令人信服。这些现象也的确充满了争议，因为它们大都依赖个人经验报告，很难获取客观的说服力。例如，某个宣称转世的人知道另一个从没去过的乡村的某些事情。我们如何确认他真的没去过，或没人告诉过他呢？一个灵魂离体的人宣称了解了一件过去不知道的事实，我们又如何确定他是真的不知道，还是过去曾经知道但一时忘了呢？我们或许可以选择相信他们没有说谎，但科学精神难以在这样的信赖中立足，我们也难以借由这些现象来证明灵魂的存在，以及确认其是否为非物质的存在体。

41 奥卡姆剃刀原则：不要做多余的假设

除了符合我们日常生活中，认为物体实实在在存在的感觉之外，中世纪哲学家奥卡姆（William of Occam, 1285—1349）所提出的“奥卡姆剃刀原则”，提供唯物论在理论建构上的最大支持理由。

理论的精简原则

奥卡姆剃刀原则是说：“当两个理论有相同的解释力时，我们选择需要最少存在假设的那个。”这是什么意思呢？让我们举例来说明。

目前科学对燃烧现象的理论是需要三个基本要素：可燃物、助燃物以及到达燃点的温度。这三个要素缺一不可（每个要素都是燃烧的必要条件），只要三个条件都有了，燃烧现象一定会形成（三个要素加起来形成燃烧的充分条件）。

然而，我们还可提出另一个有着一样解释力的理论，这个理论认为，燃烧现象需要四个基本要素，除了前面谈到的三个之外，还需要一种特别的粒子，称之为 R 粒子。这种 R 粒子因为难以侦测，目前尚无法找到，而且 R 粒子充满在宇宙任何一个角落，所以平时难以发现燃烧需要它的存在。

这个 R 粒子的新理论可以解释目前为止的各种燃烧现象，它的解释力不会比原本三个条件的理论要差，但也没有比较好。其缺点是，它需要更多的存在假设。在这种情况下，我们倾向于认为三个条件的理论是比较好的，而需要更多存在假设的 R 粒子理论则是比较不好的。否则，我们可以运用想象力，假设各式各样的新条件，然后依据类似的方法，创造出非常多（具有相同解释力的）不同理论出来。

这个世界是复杂的

从这角度来看，奥卡姆剃刀的确很有用处，它让我们可以选择最精简的理论。除非有必要，我们不会增加任何存在假设。

然而可惜的是，这个世界并不见得会遵守这样的“节约原则”。我们发现很多自然法则到头来都变得非常复杂，宇宙法则似乎不全然走精简路线。因此，当我们为了实用的理由遵循奥卡姆剃刀原则时，应该没

有什么问题。例如，如果我们现在就假设“这种难以侦测的灵魂是心灵的主要来源”，那么科学就走不下去了。因为我们无法做任何实验来证明任何说法，一切心灵理论会变成只是空想。除非发现某些现象让我们不得不假设灵魂的存在，否则尽可能从已知的事物来解释各种心灵现象，这种态度会让科学的发展较为容易一些。奥卡姆剃刀的确提供一个很实用的研究方法。

也就是说，当我们为了研究方便，而使用奥卡姆剃刀原则来思考问题时，这比较没有争议。但是，当我们使用奥卡姆剃刀原则，作为判断一个事物究竟是否存在的标准时，就会很有问题了。我们很难找到合理的理由，主张宇宙法则的确是遵循奥卡姆剃刀原则。奥卡姆剃刀原则并不适合作为事物是否存在的判断标准。

我们可以说，在探讨心灵的问题上，为了方便科学发展，可以暂时假设唯物论是正确的，暂时忽略目前难以侦测到的灵魂，作为对某些现象的假设。这样的做法虽有利于科学发展，但并不是说，灵魂就一定不存在。何况，当今科学还难以解释灵魂离体与前世回忆等奇特现象，这些未解的现象能让灵魂假设有贡献的机会。

从目前关于心灵的各种理论来看，唯物论虽然感觉上最具合理性，但实际上，唯心论与心物二元论仍旧不能排除其可能性，而且各具优势。

42 取消式唯物主义：意识根本不存在

在面对有着“难题”头衔的意识问题时，有个非常值得一提的理论。这个理论属于唯物论的一支，称之为“取消式唯物主义”。但它不是要把唯物论取消，而是要把意识（甚至心灵）取消的唯物论。

在各种唯物论中，有些理论主张心灵就是大脑，称为“心脑同一论”。另外还有一种称为“功能论”（functionalism）的唯物论类型，其主张“心灵就像是个电脑程序一样，即使没有人类大脑，只要有一样的程序在运作，就算是机器人也会和人类有着一样的心灵与意识。”这些唯物论至少都还接受心灵与意识的存在，只是主张心灵与意识是由物质所构成。然而，取消式唯物主义却怀疑甚至否定它们的存在。

心灵可以对应到什么东西？

看到对心灵与意识的怀疑，大多数人大概都会觉得很荒唐。我们怎么可能去否定心灵的存在呢？就像笛卡尔的名言“我思故我在”。这句话可解读成“如果我在怀疑（思考），那心灵（我）就一定存在，因为怀疑本身就是一种心灵的活动，所以我们根本不能怀疑心灵的存在。”

那么，取消式唯物主义是怎么在怀疑的呢？首先，取消式唯物主义使用一种唯物论的角度在看世界，所有一切事物都是由物质所构成。当我们谈到心灵时，这些东西当然也是由物质所构成。于是，我们可以问一个问题，究竟心灵可以对应到物质世界的什么东西呢？如果并没有一样东西恰好可以对应到（我们企图指涉的）心灵（与意识），我们便可以说，心灵与意识不存在。但取消式唯物主义并不是要主张心灵与意识没有对应到任何东西，而是要主张其所对应到的东西并不是可以适当地被称为“一样东西”。

举例来说，当我们在纸上画一个正立方体，看起来是一个立体的图形，但是那是一种错觉，真正的存在物只是平面的线条而已。在这种情况下，我们可以说正立方体本身并不存在于这张纸上，而被我们误以为是正立方体的东西，其所对应到的真实存在物，跟我们以为的差距很大。再举一个更贴切的例子，请先在下图中寻找三角形的图案。

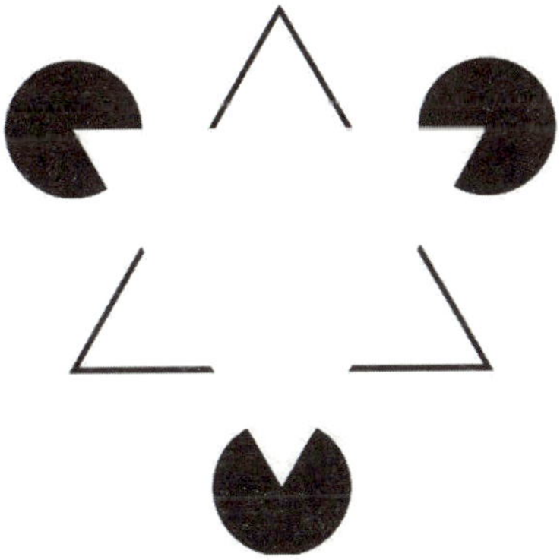

这个图形称为卡尼萨三角形（由心理学家卡尼萨所提出），大多数人都会看到中间有个白色的三角形（还压着一个黑边线的三角形）。假设图中的事物都是真实世界的东西，那么这个白色三角形（以及另一个三角形）是否能对应到真实世界呢？答案是：“否”。

在真实世界中，真正的存在物体是三个黑色小精灵加上三个勾形线条，当它们处在某些巧合的排列时，会让人产生这样的错觉。由于这只是偶然的某种排列所造成的现象，因此我们可以说，图中的三角形并非真实存在物。

取消式唯物主义认为心灵与意识的很大部分就像是这个三角形一般。这也解释了为什么心灵与意识由物质所构成，但又无法被物质所解释。因为它们只是偶然出现的，类似幻觉或错觉一般的存在。并不是在物质世界中，刚好有个可以对应这些词语的东西，可以被称为“心灵”或是“意识”。

重新解读“内在状态”

支持取消式唯物主义的经验证据也有，首先，我们无法发现大脑有哪一个特定部位可以对应心灵与意识。当大脑在不同位置运作时（或任何特定位置较不运作时），都能产生心灵与意识现象。这表示心灵与意识并不在大脑的特定位置。

而且，各种心灵的因果律也难以对应于物质世界的因果律。例如，在物质世界中，物质会依据一定的定律在运作，就像各种科学公式一般，但是在心灵世界中，任何规则似乎都会有例外。就像“每个人遇到害怕的事情就会尽量避免接触”，或是“遇到困难就会心情不好”，诸如此类的心灵法则都无法像科学公式般的具有必然性。有些人遇到害怕反而更勇往直前，有些人遇到困难反而更振作。

既然心灵是由物质所构成，为什么心灵法则无法像物质法则一般具有必然性呢？因此取消式唯物主义主张，我们对心灵的整个理解都错了，

“心灵”与“意识”这两个词都不适合再使用来表达任何存在的事物。我们需要从脑神经科学的角度重新解读我们的“内在状态”（而不是心灵状态，因为“心灵”这个词应被取消不用），当我们重新解读之后，将会有完全不同的看法。

这样的质疑与推理让这个看似荒唐的取消式唯物主义，反而比其他类型的唯物论更具有合理性。因为，取消式唯物主义可以避开“难题”的挑战，将难题视为一个需要被消解，而不是被解决的问题。

不过，这个优势也仅限于跟其他唯物论来比较。如果跟主张心灵实体存在的唯心论与心物二元论来比较，它在这个质疑中并不具有优势，因为相信心灵实体的人可以很简单地回应难题的挑战，“就是因为心灵不是由物质所构成（或至少不完全由物质所构成），所以两者之间才会有这么大的差异。”

43 自由意志存在吗?

形而上学这个篇章一开始讨论的是关于这个世界是否真实存在的问题。在这个问题中，有实在论与现象论的区别。第二个问题则是关于心灵与物质存在地位的讨论，有唯物论、唯心论以及心物二元论的主张。现在我们要进入第三个问题，这个问题在日常生活中很少有人会主动发现，但在哲学里经常被讨论。这个问题要问的是，“自由意志是否存在？”

谁在做决定?

所谓“自由意志”，指的是“在我们的能力范围内，我们的确能够自由做出选择。”例如，在填大学志愿时，只要没人干预我，我就可以自由选择我的第一志愿。又或者，当我们漫无目的地逛街时，我可以在一个岔路上选择向左或是向右。基本上，我们都相信自由意志的存在，因此有时会对自己的(自由)选择感到懊悔。然而，自由意志真的存在吗?

有些人抱持一种“命定论”的观点，认为一切都是命中注定，不仅针对自己的遭遇，甚至包含自己想些什么或做什么决定，都是命中注定的。在这样的观点中，自由意志就不存在了。或者也可以说，这种情况下的自由意志只是一个假象，我们以为自己真的在做决定，但实际上会做什么决定早已被决定了。

在个人反思中，有时也会发现，自己在不知不觉中，受了某些观念的操控而做出决定。也就是说，我们其实不完全是自主的。这个主张比较没有争议。心理学家已经证实，我们的决定的确受到许多不易发现的因素所影响。

然而不管如何，总有些自由选择的能力吧！当我手上拿起一支笔，至少可以决定要把这支笔放在左边还是右边。难道连这样的自由都没有吗？这似乎太不可思议了。只要还有选择的能力，就算有自由意志了。所以，自由意志实在是个非常符合日常直觉的东西，在正常状态下，我们不会去质疑自由意志的存在。但是，在当今唯物论主导的科学时代里，它的存在却是一项很大的困扰。

试想一下，如果自由意志存在，那么依据唯物论的观点，由于一切都是物质作用的产物，因此自由意志是由某种物质作用所产生的现象。然而，依据当今科学的观点，一切物质都遵循着不变的定律在运作，即使在量子力学所描述的微观世界里，粒子也遵循着一定的几率在运作。由此看来，怎么可能会冒出自由意志这种东西呢？简单地说，这个世界都是由不自由的粒子所组成，而不自由的粒子不可能造出自由的性质。于是，科学家们寻找证据，看看能否证明自由意志只是一种假象。

大脑活动的实验与解读

当代科学家利贝特（Benjamin Libet, 1916—2007）设计了一些实验，企图否定自由意志的存在。首先让受试者决定做一件简单的事情，例如让手腕弯曲。每当受试者决定要做这个动作的时候，请他记录下决定的时间。同时，通过某些安装在受试者大脑的仪器，实验人员可以观察受试者的大脑活动。实验发现，每当受试者下决定之前的大约三分之一秒，大脑就出现了类似下决定的大量神经细胞活动。也就是说，在受试者以为自己下决定之前，大脑就已经做了决定。因此，“下决定”不过是一个假象，自由意志实际上只是一种错觉罢了。

这个实验对自由意志的存在，提出了相当程度的质疑，但实验本身仍存在许多争议。例如，对大脑出现大量神经细胞活动的解读是“大脑已经做出决定”，这点其实很难证实，或许有可能是整个决定的一个部分。另外，三分之一秒的差距太小了，人们对下决定时的反应（先下决定后再去把时间按停）是否会因为延迟了三分之一秒而导致这种实验结果呢？虽然后来的实验不断改善，陆陆续续也有新的成果，但目前仍旧是一个未解的难题。若想达到真正对自由意志的否定，还有很长的路要走。

然而，无论自由意志是否存在，其实都是一件重大的事情。如果自由意志真的不存在，我们就没有什么好理由去谴责罪犯，因为他们自己并没有“真正做决定”去犯罪。他们会犯罪完全是命中注定的，因此在道德上，我们不应该将他们监禁起来。其实把他们关起来也没关系，因为既然自由意志不存在，我们也没有任何自由选择权，这表示将他们监禁起来，也是命中注定会发生的。

于是，所有该与不该的问题都不用思考了。这么一来，我们的整个人生与社会态度是否会有巨变？无论是或否都是命中注定的，那也不用再费神了。这样的结果，将导向一种非常消极的生活态度，不管是否命该如此。

如果自由意志不是错觉，有两种可能性，第一，唯物论是错的。这个世界至少有自由意志这种不属于物质的东西存在，而自由意志是心灵

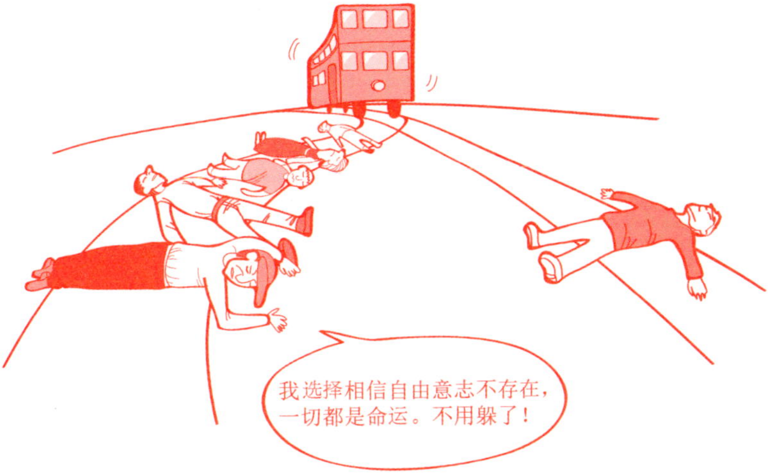

的属性之一，我们就更有理由主张，心灵并不是由物质所构成的。

第二，如果我们坚信唯物论，目前对物质的了解就是错的。自由意志的存在，表示至少有“自由”的物质存在。也就是说，世界上有某种不是依据固定定律（也非固定几率）在运作的物质，而且它具有某种程度的自由。如果这个世界的本来面貌真是如此，世界将会比我们现在所认为的更为生动有趣。

44 我们能造出人工心灵吗?

如果有一天，你生气捶了一下电脑，结果电脑喊说：“好痛！”这时，你会有什么反应呢？你可能会觉得好笑，认为这是一个有趣的恶作剧程序；或者，你会感到惊讶，怎么电脑也会喊痛。不过，就算电脑真的喊痛，大概很少人真的相信，电脑也是会痛的。最简单的一个理由是，电脑又不是一个生命体，怎么可能会有感觉呢？

这个主张电脑不会痛的理由并不好。虽然在我们目前的观察中，只有生命体可能会有感觉。但事实上，我们对心灵本质的了解非常少，也没有什么好理由主张生命是心灵的必要条件。而且，为什么我们认为只有生命体才有感觉呢？或许是因为只有生命体才能表达出其内在的感觉。如果一颗石头也有感觉，我们可能永远不会知道。

电脑程序的心灵

在探讨心灵本质的各种理论中，有一种称为“功能论”的观点，主张心灵就像是一个电脑程序一般，只要拥有相同的程序，就会有相同的心灵。那么，只要有能够让这个心灵程序运作的装置，无论是人脑还是电脑，都能展现出一样的心灵状态。从这个角度来说，电脑当然可能有心灵，而且会有和我们完全一样的心灵。

这个功能论的主张有个非常好的论证支持。从唯物论的角度来看，人类的心灵现象主要是由大脑所制造出来，而大脑的运作方式可以转化成一种计算模式，也就是可以用电脑程序的方法，把整个计算模式表达出来。依据计算理论，“所有可计算的都是电脑程序能够完成的。”只要找出所有大脑运作的计算过程，就能够用电脑程序表达出来，也就会产生所有类型的心灵现象。从这角度来说，只要对大脑了解够透彻，未来电脑将具备和人类完全一样的心灵。

然而，当代哲学家塞尔却有不同的看法。他认为，无论如何，电脑都不可能有心灵。他的论证如下：

（1）电脑程序完全是语法结构。

（2）心灵是有语意的。

（3）语法不是语意，而且也不足以构成语意。

（4）所以，电脑程序不可能有心灵。

在这个论证中，“语法”指的是语句之间的规则，而“语意”指的则是语句所表达的含义。由于电脑程序是一大堆规则组合出来的东西，在语句规则的掌握上毫无问题，但当电脑程序操作这些语句时，没有一个相对的含义在其中运作。就像我们在说话时，并不是只有把语句说出来而已，在大脑里还有着相对这些语句的“某些想象”同时在运作。这些想象才是构成心灵的重点，语言本身则不是。因此，既然语意是构成心灵的必要条件，缺乏语意的电脑当然就不会有心灵了。

碳水化合物与硅晶片的不同

这个论证点出了当今电脑程序发展人工智慧或是人工心灵的困境。以下面的简单电脑程序为例：

Input“x”；

If x =“你好吗？”，then print “谢谢！我很好。”

依据这个程序，如果我们跟电脑说：“你好吗？”电脑就会回答我们：“谢谢！我很好。”表面看起来，电脑好像有个心灵在跟我们对话，但是再想一下电脑是否知道自己在说什么？答案很明显，“当然不知道”。这种模拟自然语言的程序写法，直觉上的确难以产生任何语意，这类程序写法可以让人直接使用日常语言符号作为程序推理指令的基本单位，在这个情况下，我们明显可以看出，当该电脑程序在执行“谢谢！我很好”时，电脑对这些符号并没有任何像人类一样的理解。简单地说，这些被程序语言操作的自然语言符号的语意，并没有被电脑处理。在这种情况下，即使电脑表面上看起来像是有心灵的样子，实际上只是单纯在做一些符号的运作而已。

当然，塞尔若想从这样的困境，得出“电脑程序无论如何都无法产生心灵”，那还言之过早。他只能说，“把日常语言直接当作计算的符号，而无相对应语意的电脑程序写法，是不具有心灵的。”这个主张应该比较没有争议。虽然目前大多人工智慧程序的确也是这样写的，但电脑程序不一定非这样写不可啊！

举例来说，只要我们是唯物论者，相信心灵现象由大脑所制造产生，而每一个神经细胞的运作也是不包含语意的（我们无法想象语意如何出现在单一神经细胞运作当中），但一大群神经细胞的运作却能产生语意。我们还不清楚这些语意是怎么冒出来的，只要有一天知道了，我们便可以用电脑程序模拟每一个神经细胞的运作，那是不是就可以解决这个问题了呢？

在这个争议中，塞尔仍然不同意。虽然他认同心灵由大脑所造成，但他认为，“由于碳水化合物与硅晶片材质的不同，真正的大脑和电脑程序模拟的大脑还是有所不同的。”的确，它们是不同的，但是这个不同点对产生心灵是否有差别呢？

到了这个问题点，我们便难以再探究下去，因为这需要对心灵与大脑的关系有更进一步掌握之后，才能更深入讨论。也就是说，这里需要更多的科学研究成果，才能再进行更有意义的哲学思考。

电脑能模拟量子活动吗？

另一个反对电脑可以产生心灵的人，是当代科学家彭罗斯（Roger Penrose, 1931—）。他认为，大脑内部具有量子活动，而量子活动的计算模式是超过现代电脑所能模拟的范围，因此，现代电脑无法真正具备像人类一般的心灵。

彭罗斯的这个想法其实也没有什么经验根据，因为我们无法观察大脑内部的量子活动与心灵的关系，只不过，在现代大家认同唯物论，而电脑科学又一直无法制造出有心灵电脑的情况下，这样的主张就容易引起重视。至少，这是一个很合理的推测。然而，如果彭罗斯是对的，他只是主张，现今的电脑无法产生人类心灵，但只要科技更发达，能够制造出量子电脑，就可以制造出有心灵的电脑了。也就是说，从彭罗斯的角度来看，并没有否定人工心灵仍然是可以做出来的这项假设。

除了上面提到的问题之外，我们还会遇到另一个问题，假设有人做出了一部号称有心灵的电脑，我们如何判断其真的有心灵，还是只是一个有心灵的假象？这牵涉到另一个哲学上的重要问题，称为“他心问题”（the problem of other minds）。问题核心在于，无论是不是电脑，我们甚至很难肯定“别人”是不是真的有心灵。此问题将在知识论的篇章中讨论。

45 不同的世界观，看见不同的世界

“世界观”这个词在前面已经出现很多次了，意思就是“看世界的观点”。每一个人都有看世界的观点，而且随着接收资讯与知识的增长，看世界的观点会不断改变。这些观点在经年累月的累积之后，往往会产生许多难以解释甚至互相矛盾的想法，由于大多数人很少去思考自己的世界观是什么，因此很少人会发现自己的世界观原来存在着矛盾。如果我们相信正确的世界观绝不会有矛盾的情况发生，那么，多数人所拥有的（矛盾的）世界观就一定是错的了。

举例来说，多数人的世界观中相信自由意志的存在，也同时相信当今科学对世界的描述，然而如前面讨论过的，当今科学的世界观容不下自由意志这种东西，这就会导致冲突与矛盾。除非有特别的方法可以融合两者，否则这样的世界观就是错误的。当我们使用错误的世界观思考人生时，也就不用有多大的期待了。

不断提出问题，不断寻找答案

实在论、现象论、唯心论、唯物论、心物二元论、有自由意志、没有自由意志，这些都是不同的世界观，有些可以互相融合，有些不行。除了这些之外，还有很多各种看世界的观点。目前并不清楚哪一个世界

观才是正确的，依据科学研究而形成的世界观或许最有可信度，不过这样的世界观在许多地方仍充满争议，也还有不少问题完全无解。

举例来说，当代量子力学发现，作为基本物质的微小粒子有许多奇特的性质，例如它们表现出随机的现象。这个随机现象在几率上或许有可预测性，但针对个别粒子的行为却变得无法掌握。简单地说，这些微小粒子无法借由其初始条件来预测它的未来，这跟我们原本对物质的观点很不一样。在原本对物质的世界观中，任何物体只要有相同的初始条件，就应该会有相同的运作结果，因为所有物体依据一定的定律在运作。我们可以想象这个世界的各种规律，以及所有物质依据这些规律在运作，形成一个完整的宇宙图像。在这个想象中，如果我们也是唯物论者，在宇宙开始的大爆炸那一刻起，所有未来的一切（包括我现在写的这些字）都已经被决定了。这样的观点也称为“决定论”或是“命定论”的世界观。

然而，这些微小粒子的行为却告诉我们其实不是这么一回事。有些东西的变化是要依赖几率的，好像有个骰子在每一个粒子的内部，决定要往哪个方向走。针对这种奇特现象，我们会想问，为什么微小粒子有这种属性呢？究竟是怎样的一股力量导致这样的现象？科学目前完全无法回答这个问题，也完全无法预测是否有可能在未来的某一天，能够解答这个问题。因为，我们也完全无法想象粒子为什么会有这种行为，除非我们做一个“泛心论”（panpsychism）或是“泛灵论”（animism）的主张，认为一切物体都具有某种程度的心灵、意识甚至灵魂，而且再主张它们都具有某种程度的自由意志。依据这样的世界观，我们就能说明这种粒子的行为，顺便解开了自由意志之谜。但是，这样的假设会让科学无法走下去，因为我们根本无法用科学方法去证明这究竟是对或是错。这样的假设也与奥卡姆剃刀原则背道而驰。最重要的，这样的假设并没有真正解决任何问题，只是把问题往后拖延而已，因为我们还是需要追问，这种“灵”究竟是什么东西？

当然，如果喜欢泛心论或是泛灵论，我们可以建立自己的世界观，当作是个人观点。但在科学研究上，我们还是继续寻找其他线索，或是寻找是否有可能去证实或否证泛心论与泛灵论的可能性。否则，只好等待伟大思想家的莅临，协助人类解开这个难解之谜。

没有违背经验证据，没有内部矛盾

其他不同的世界观还有很多，各种宗教都有其对世界的不同观点，例如，佛教的中观思想认为一切皆空；唯识思想则认为万事万物都是由内心深处一个叫作“阿赖耶识”的种子意识所生成。近年来很流行的“新时代观点”也有一些很特别的想法，像是“吸引力法则”主张，只要内心所想，就会导引一股力量去实现它。这个主张的理由是，我们所遇见的任何事物，都是人心在提升灵性上有所需求才会形成。也就是说，我们的成长需求创造了所遇见的世界与未来。既然如此，只要掌握了人心与遇见事物的相对应法则，便可以借由改变内心去创造（或改变）我们所遇见的任何事物。例如，某些灾难是为了某种成长而被创造出来，只要我们提早成长了，就能避免那个灾难。

吸引力法则作为一种积极的人生观或许还蛮有用的，因为这样的观点带给人们无穷的希望。但是，从追求真理的角度来看，却缺乏客观实证的基础。因为如果使用吸引力法则失败了，相信的人便会将之解释成时机尚未成熟，或是用法不对。就算成功了，不相信的人也可以解释成是一种巧合。除非有大量的人一同进行吸引力法则，而成功几率大于本来该有的几率，那其可信度就会提高。但似乎没有这种成功的实验出现。当然，相信者会说，吸引力法则无法用来实验，因为在实验中，人们并没有真正渴望的心态。所以，类似这种信念，我们很难从客观角度评量其可信度。

在各种世界观中，目前最合理的是由科学理论所提供的图像。一个世界观越能依据科学研究，其说服力越高。虽然现代科学已经提供了许多研究成果，但是目前完全无法评估其距离最后的真相还有多远，甚至也无法评估目前所知是否就是真相。只要我们对现有的任何观点产生怀疑，就可以思考其他可能性。例如，科学研究最依赖的因果律真的存在吗？如果因果律实际上并不存在，我们该如何理解这个世界呢？

由于现阶段没有最终的解答，一个世界观只要没有明显违背任何经验证据，只要理论内部本身没有矛盾，它就可以成为一个具有可能性的候选员。因为，针对整个世界究竟真相为何的问题，目前人类并没有答案。

第 5 篇　知识论

如何才能确认我的知识是对的？

真理符应说的界定
一个叙述为真，表示此叙述正确对应于外在事实
真理融贯说的界定
一个叙述为真，表示此叙述和信念网中所有其他信念互相融贯
基础论的界定
一个叙述是否合理，要看是否被基础信念所支持
理性主义的界定
基础信念是天生具备的
康德的界定
基础信念是人天生的认知形式
经验主义的界定
基础信念是后天经验学习的

信念
理的
条件
种类
事实型知识
实践型知识
自我知识
知识
个叙述是否合理，
所有其他信念来决定
怀疑论
别人有心灵吗？
我看到的和别人相同吗？
「我」存在吗？
因果律存在吗？
归纳法值得信赖吗？

46 何谓知识?

当今这个时代，人类累积的知识量已经大到不可思议的地步，无论是对世界各种现象的了解、理论，或是各种技术、文学、历史、艺术、人物传记等等，已经多到就算花上一百个人生，也吸收不完的程度。幸好，我们不需要吸收所有的东西，只要针对自己需要的、感兴趣的再去学习就好。当我们学会了该具备的知识后，就开始运用它们，继续推理、研究，获得新知，或是将这些知识作为思考人生的基础，在迷惘时该怎么做，遇到人生岔路时该怎么抉择。

可能会错的理论才有知识价值

在人生这条路上，我们常常做了错误的选择，或是导致不太理想的结果。通常，我们会认为，这是因为自己的知识不足，只要再多点认识，我们就可以活得更多彩多姿。但是有时也会发现，原来问题出在知识本身，让我们做了错误的决定。即使是科学知识也不断在修正中，今天说吃这个有益，明天可能就说吃这个不好，反之亦然。没有科学家敢保证，任何一个科学理论在未来不会被证明是错的。反过来说，如果一个理论具有绝对不可能在未来被证明是错的这种特质，那么这个理论就绝不会是科学理论。这是 20 世纪哲学家波普尔（Karl Popper, 1902—1994）所提出的“证伪原则”。只有那些自圆其说而不用受到新证据挑战的理论（或是根本永远无法验证的理论），有可能具有永远不会错的特质，而这样的理论属于循环定义下的产物，其本身是没有什么知识价值的。

证伪原则

一般认为，能被实验证明为真的理论才是科学理论。但哲学家波普尔认为这样的定义不好。主要理由是：严格来说，“证明”这件事情在科学理论上是根本无法做到的。因为，科学理论不会像数学一样针对抽象观念做证明，也不会只针对单一事件（例如某只乌鸦是黑的），而是针对整个运作规律（例如所有乌鸦是黑的）来实证。但只要牵涉全称的叙述（所有……是……），我们就无法真正做到证明的地步。因为这永远无法排除出现反例的可能性，只要一出现反例，不管过去曾有过多少支持的个案，理论都不能成立。

反过来说，科学理论具备“可以想象其是错的”这样的特质，或说“具有可以想象在什么情况下会被否证”的特质。例如，针对“所有乌鸦是黑的”这个叙述，它可以是一个科学理论，因为我们可以想象，在什么情况下它可以被证伪。只要找到一只“非黑色的乌鸦”，这个理论就被否证了。而“白色的花是白色的”，这样的理论就不具有可证伪性，因为我们无法想象有什么证据可以否定这样的主张，所以依据证伪原则，这就不能算是一个科学理论。我们可以思考看看，近年来很流行的“吸引力法则”在什么样的情况下会被证明是错的呢？如果没有这种情况，它就无法被列为科学理论的一环了。

也就是说，任何一个有知识价值的理论都可能会错。而我们在生命中做抉择并且企图寻找生命意义所依赖的各种知识，都可能是错的。那么，我们如何安心地思考？这样的思考有什么意义？似乎是说，借由这些不确定知识思考人生意义时，我们还必须赌一赌，如果碰巧这些依据是对的，我们或许可以思考出最好的生命意义，并且好好去实践它；万一碰巧是错的，那只好自认倒霉了。

对于知识的反思

然而，如果生命真的有意义，人们怎么会被丢在这样的困局中呢？这不是很荒谬吗？如果这么想，我们将再度落入虚无主义之中。然而，我们也可以试着对知识本身做个整体的反思：知识究竟是什么？到底我们能够依赖怎样的知识？能依赖到什么程度？在哲学上，这整个对知识本身的反思，称之为知识论（epistemology）。

“知识”这个词汇在日常生活中经常使用，我们也都知道它的意思，而且运用自如。一旦有人提出这个问题，“何谓知识？”我们的思路就会突然卡住，难以回答。这种现象和“哲学是什么”的问题类似，我们赖以掌握某个词汇的理解并没有办法简单地用语言来描述，在这种情况下就会有思路卡到的情况发生，想要说清楚也没办法。

在哲学上最容易产生这种现象，因为哲学会去问一些平时大家比较容易忽略的问题，而这些问题大都很难用语言描述。例如，“何谓心灵”以及“何谓时间”，除非有科学理论已经对它们下定义，否则依据日常生活的了解，我们根本无法讲清楚。

当我们企图去定义、分析这些词汇，虽然最大的可能性是仍旧无法完全定义清楚，但是这有助于我们更彻底地去了解这个东西。就像我们尝试去定义哲学之后，虽然不必然可以把“哲学是什么”的问题讲清楚，但对于企图想要了解哲学的人来说，还是有帮助的。

西方主要的传统哲学方法之一，就是当我们在谈论一个东西时，先把这个词汇的意思分析清楚。那么，当我们谈到知识时，究竟在谈些什么？

认知主体所知道的东西

首先，可以看出“知识”（knowledge）和“知道”（know）是息息相关的。我们可以说，“知识就是被一个认知主体所知道的东西”。从这个角度来看，知识的存在预设了一个认知主体，没有认知主体就不会有知识。

虽然，有哲学家主张，知识是可以客观存在的。例如，波普尔就认为，如果所有认知主体都消失在宇宙之中，一本存在于图书馆的几何学理论的著作也可以算是知识。我想这样的说法也没什么不对，但是我们仍然可以说，必须有认知主体的存在，或者再出现时，这些客观知识才能成为活的、可以运作的知识。或者，我们也可以笼统地说，认知主体的存在才能使那些知识成为有存在意义的东西。那么，至少我们还是肯定知识与认知主体的重要关联性。

如果我们接受了认知主体与知识的强烈关联，就可以放心把“知识”和“知道”先拉在一起。当我们说“我有某个知识”的时候，同时就是说“我知道某个东西”。

但是，这些词汇在日常生活的使用上仍有着歧义（有不同的意思）。例如，当我们说，“你真是没知识”，这句话其实不是表示一个人真的什么都不知道，而只是说某个人在某些方面知道的很少，这是在语言使用不精确的日常生活中的不同用法。又例如，有时候某些学生喜欢学苏格拉底的名言说："我什么都不知道。"因为什么都不知道，所以就不用写期末报告了。遇到这种说辞，我会问："那你知道你叫什么名字吗？"当然，这时"知道"这个词汇又被用在不同的意义上了。苏格拉底所说的"我什么都不知道"，指的是某种特定类型的知识，像是关于"何谓正义"之类的，而不是针对所有我们能够用"我知道"来叙述的东西。

当我们要谈论"知识"或是"知道"时，必须先弄清楚在谈的是哪一种东西，这个部分先厘清了，才能进一步去分析所要讨论的知识。在一般知识论的讨论上，除非特别声明，我们讨论的知识范围有两种界定，一种是所有一切我们知道的东西。这是最广义的知识定义，其包含了各种技能型知识以及难以说出来的内在体验。另一种是所有一切我们可以用语言表达的东西。因为西方哲学重视语言的论证，所以特别重视这种知识。首先，来看看西方古希腊哲学家柏拉图对知识的定义。

47 柏拉图对知识的定义

在哲学史上，柏拉图对“知识”提出一个值得思考的定义。他认为，“知识就是合理的真信念。”英文翻译是 Knowledge is justified, true beliefs。这个定义等于把知识分解成三个主要元素，分别是合理的（justified）、真的（true）以及信念（beliefs）。如果这样的分解是恰当的，对于分析“知识”本身将会有很大的帮助，因为我们可以借由分析其组成部分，对知识做更深入的了解。首先我们来讨论“真的”这个元素。

知识的基本元素之一：真的

这是说，知识必须是事实。错误的想法或叙述不能称为知识。举例来说，如果一个人学会了许多旁门左道的扭曲观念，大多数的想法都不是事实，我们会说他是个很有知识的人吗？基本上不会。假设某个人认为“台北在基隆的北边”（实际上在南边），我们是否会说：“这个人具有‘台北在基隆北边’的知识”，或是“这个人知道台北在基隆北边”呢？如果这样去使用“知识”这个词汇，会让人感到很怪异。这表示当我们使用“知识”时，通常也认为所说的事情是正确的。

当然，我们常常无法确认事情是否是正确的，但至少，在使用这个词汇的当下，我们认为该叙述是事实。所以，“知识”应该具备“真的”

或至少“视为真的”这个要素。我们便可以通过判断，在什么情况下一个叙述会被判断是真的，通过思考“真的”的更客观意义，来深入分析知识的形成。这的确也是知识论的重要问题之一。

TIPS “真”的定义

关于怎样定义“真”（truth），在哲学上主要有两种理论。最一般的叫作真理的符应说（correspondence theory of truth），主张“一个叙述为真，表示其符合客观事实”。这个定义也是一般日常生活中使用的定义。

但此定义有个缺点，举例来说，“三角形的内角之和等于180度”，这是否符合客观事实呢？在柏拉图的理型界或许符合客观事实，但在我们这个不完美的世界里，是否真有一个三角形的内角和刚好是180度呢？另外，这个定义还必须预设实在论，主张这个世界真实存在才行，否则哪有什么客观事实可以来符应呢？所以哲学家们发展出另一个定义：真理的融贯说（coherence theory of truth），主张“一个叙述为真，表示这个叙述与整个知识网相融贯”。意思是说，当我们主张某个叙述为真时，表示这个叙述和我们原本有的其他知识互相融合，不会有任何冲突。

这样的定义就可以解决上面提到的符应说的缺点，但其本身也有其他问题，例如，针对不同人的不同知识系统，叙述融贯而为真，不融贯则为假。这使得真与假失去客观性，这和我们平时对真假的认知是不同的。

然而，有时我们会说：“某个人的知识是错误的。”这是否表示我们认同知识也可以是错误的呢？我想，可以把这个说法当作日常语言的不精确性所导致的问题。例如，我们也可以说：“这个人的某个知识是错的，所以那个知识不是真正的知识。”这样重新解读，感觉上也没有问题。所以，当我们说某个人的知识是错的时，并非我们认同“知识有错误类型”，而只是一般较随意的说法，或是针对某人自以为自己所知道的是正确的，但实际上是错误的。如此一来，还是可以认同，“真的”的确是知识的组成元素之一。

知识的基本元素之二：信念

这个知识的组成元素主张，知识必须是个信念。简单地说，如果某人具备某个知识，至少这个人必须相信这个知识。例如，当我说：“我知道植物没有灵魂。”那就表示我同时也相信这个说法。我们很难想象有人会说：“虽然我知道植物没有灵魂，但我相信植物有灵魂。”这样的说法很怪，如果真有人这样说，我们会倾向于把这样的句子理解成：“虽然我知道科学主张植物没有灵魂，但我认为植物有灵魂。”这样会比较合理。从这个角度上来看，知识应该是包含相信的。

有人可能会举出反例，“我知道演化论，但我根本不相信演化论。”这个句子看起来很合理，应该也有许多人有这样的想法，这是否表示知识（或知道）可以不包含相信呢？其实，这句话的真正意思应该是：“我知道演化论这个理论在说什么，但我不相信里面说的东西。”从这样的重新表达可以发现，这句话中知道的东西和不相信的东西其实是不一样的。例如，如果某人暗示说：“我家里的一个杯子是孔子曾经用来喝酒的。”如果我知道他的暗示，但又不相信，我或许会说：“我知道你在说些什么，但我根本不相信它。”知道他想表达什么，但不相信其所表达的内容。这种情况不违背信念作为知识的一个必要元素。除非说辞改成“我知道人从猴子演化来的，但我不相信人从猴子演化来的。”一旦改成这样后，就会让我们觉得在这种情况使用“知道”一词是很奇怪的。

从这些例子来看，将信念当作知识的一个重要甚至必要元素，应该是没什么问题的。我们可以借由对“信念”来源的更深入分析，来了解知识本身。

知识的基本元素之三：合理的

这个知识的元素（相对的英文是 justified）大多翻译成“证成”。由于“证成”这个中文词是新创立的，一般来说，第一次看到它的人大都不清楚这是什么意思，而且容易误以为是“经过证明而成立”。其实，要更精确一点翻译这个英文字 justified 的话，可以说是“有不错的理由支持，以至于令人感到信服”。如果翻译成“证成”，容易被误解成以为有一个证明的过程，但实际上我们对知识并没有这么强的要求。例如，我具有“苏格拉底是柏拉图的老师”这样的知识，但是我并没有去证明这件事情。只是有很不错的理由让我相信它是事实，比如在教科书上看到这样写，由于我对教科书的信赖，这个理由让我对这个知识感到很有说服力，因此这个知识对我来说是“证成的”或是“合理的”。虽然，我觉得用“证成”这个翻译并不适当，容易有误解，但用“合理的”这个词也不是很贴切，感觉上稍微弱了点，不过这还是比容易被误解的“证成”较为接近原意一些。

这个知识的要素主张，当某人有某个知识时，他会有合理的（或证成的）理由来支持这个知识。如果没有合理的理由，即使他学了这个叙述语句，我们也倾向于不认同此人具备这个知识。举例来说，如果一个小学生偶然间在地上捡到一张纸，纸上写着一句话，“地球绕太阳转”，然后他就相信了。这种情况下，我们是否可以说，这个小学生具有地球绕太阳转的知识，或者这个小学生真的知道地球绕太阳转？在这种情况下使用“知识”或是“知道”，会让我们觉得怪怪的。知道一件事情，总是需要有一个不错的理由来支持它吧！在完全没有理由的情况下，我们倾向于不认为这个人具有这样的知识。也就是说，我们不认为盲目的信仰可以算是一种知识。例如，当一个人在没有任何理由的情况下相信神存在，即使神真的存在，我们也不会认为他具有“神存在”这个知识（或认为他真的知道神存在），而只会认为他具有神存在这个信念或是信仰。

我们又找到一个知识的元素，当我们对“合理性”的形成与变化有更多了解时，也会对知识有更深入的想法。

TIPS

盖梯尔反例

针对柏拉图提出的知识三要素的解读，当我们只把这三个要素当作知识的重要特质时，几乎没有什么争议。但如果把它们当作是三个必要条件，或许会有一点小争议。因为还是可以找到在某些特殊情况，它们似乎也不是这么必要。另一种解读是，这三个要素加起来构成知识的充分条件。也就是说，只要有某个叙述具备这三个要素，就一定是知识。这个主张可以表达如下：

当 S 这个人知道 P 这件事时，若且唯若，

（1）P 为真。

（2）S 相信 P。

（3）S 有合理的理由相信 P。

针对这个解读，哲学家盖梯尔（Edmund Gettier，1927—）提出反对意见，认为即使符合三个条件也不足以构成知识。例如，约翰（S）刚刚听到雨声，而且玛丽跟约翰说下雨了，这些理由足以让约翰合理地相信现在

外面在下雨（P）。约翰也的确相信了，这符合第二与第三个条件。假设现在外面真的在下雨，这就使第一个条件也符合了。但是问题来了，约翰听到的雨声是用CD播放出来的自然音乐，而不知道外面真的在下雨的玛丽，故意播放音乐想要骗约翰，还跟约翰说外面在下雨。在这种情况下，我们会认为其实约翰并不是真的知道外面在下雨。所以，盖梯尔成功地主张：柏拉图所提出的知识三要素无法构成知识的充分条件。

针对盖梯尔的反例，许多哲学家尝试提出知识的第四个条件，甚至第五个条件，希望能达成寻找知识的充分且必要条件的目的，但基本上都算是失败的。主要原因很可能只是，“知识”这种自然发展出来的语言，不适合用充分且必要条件的方式来定义，就像我们也很难定义清楚“哲学”、“心灵”与“时间”一样。

48 知识的种类（一）：事实型知识与实践型知识

“知识”这个词汇通常指的是我们对这个世界的各种认识，尤其关于世界存在事物的各种真相，像是“水是由氢和氧所组成”、“地球绕太阳转”或是“加拿大在美国的北边”。本书第一篇提到的“哲学无法让你增加知识”，指的就是这类型的知识。然而，如果把关于历史上的各种记载也算到知识的一环，像是“柏拉图是亚里士多德的老师”、“孔子主张仁政”、“笛卡尔说我思故我在”，从这个角度谈知识，读哲学也可以获得许多知识。这是由“知识”这个词汇的不同定义所产生出来的不同说法。由于不同类别的知识，需要有不同的考量，所以在讨论各种知识之前，我们应该先做一个分类。

除了上面谈到的关于世界的知识以及关于历史记载的知识的分类之外，哲学上最常讨论的知识分类是“事实型知识”（factual knowledge）与“实践型知识”（practical knowledge）。另外，当代中国哲学家杜维明（1940—）主张，谈中国哲学就必须谈“自我知识”（self-knowledge），他认为自我知识不同于前面两种知识。依据这样的观点，我们依次针对这三种知识来讨论。

区分“知道什么”与“知道如何”

首先，事实型知识指的是对于各种用来描述事实真相的知识。就像前面谈到的各种知识，无论是关于世界的真相、历史的真相都算是事实型知识。这种知识的最大特色是“比较容易用语句来表达”。我们可以通过语言学会这些知识，而学会之后也可以通过语言表达出来。所以，这类知识也称为“语句型知识”。由于我们习惯用语言来把握知识，而这类语句型知识属于容易把握与思考的知识形态，因此也称之为“显明的知识”（explicit knowledge）。

相对于事实型知识，另一种形态的知识是实践型知识。实践型知识通常属于技能型的知识，像是知道如何骑自行车、如何游泳的知识形态。我们必须通过某些实践后逐渐掌握到这类的知识。这种知识的主要特点之一是很难用语言表达，我们无法通过语言的传达学会这类知识。就算是骑自行车高手，也很难把这种关于如何骑自行车的知识，通过语言告诉别人。因此，我们也可以称这种知识为“非语言型知识”，相对于事实型知识属于显明的知识，实践型知识则称为“隐晦的知识”（implicit knowledge），意思其实也就是难以用语言来把握与思考。

这个知识的分类由当代哲学家赖尔（Gilbert Ryle, 1900—1976）提出来，他使用“知道什么”（know-that）与“知道如何”（know-how）来区分它们。这个区别对于厘清许多问题有很大的帮助。例如，本书在刚开始的时候谈到，对哲学感兴趣的人通常会想问“哲学是什么”，却很难得到满意的答案，没有一个定义能够让不懂哲学的人，很快知道哲学是什么。这常常让人感到十分困扰，甚至开始对哲学产生厌恶之心。这是怎么一回事呢？

通过这个知识的分类，答案就一目了然了。因为关于“什么是哲学”的问题，答案牵连到“实践型知识”。这样的知识必须通过哲学思考的实践过程去逐渐体会，而这样的东西很难用语言传达。如果不亲自去学哲学，以及做哲学思考，根本上难以了解何谓哲学。由于这种知识是属于非语言性质的，就算是哲学大师也没办法用语言把它定义清楚。

确认知识形态，找到正确学习方法

在日常生活中，最常让人搞错知识形态，而形成错误学习方法的是对语言的学习。在学英文时，多数人都是去死背一堆单词，市面上也出现许多背单词花招的书籍。这种学英文的方法或许对某些类型的考试有帮助，但是就算单词背得再多，英文文章还是看不懂。其实学英文的重点并不在于背了多少单词，因为就算有字典在手，看见单词就查，每个词都知道相对的中文翻译，但文章还是看不懂。为什么会这样呢？

这里牵涉到一个非常重要的“实践型知识”，阅读本身实际上是一种需要通过实际练习才能学会的技能，必须通过不断的阅读去培养，无法通过记忆一些用语言描述的诀窍来学习。所以，即使老师很认真地教，学生很认真地听，不会还是不会。就像看录像学游泳，即使有名教练在旁解说游泳技巧，看得再多、听得再多，只要不下水，就学不会。当然，这并不是说背单词没有用，或是学习这些诀窍没有用，而是说实际去用它，借由阅读获取技能，才是整个学习过程中最重要的部分，其他只有辅助价值。

在探讨人生意义的问题上，也常遇到类似的困境，语言似乎无法用来描述生命意义，无法用来说明真道。这是不是表示，这类知识属于实践型知识呢？从它们的共通点，我们可以这样猜想。由于实践型知识与技能相关，这种生命意义的知识会属于哪一种技能？如何学习这种技能呢？是否是在体验生命中领悟，还是在静坐冥想中锻炼出不动心？或只是一种让自己可以生活得更快活与更自在的技能？

除了事实与实践这两种知识类型之外，还有一种不容易被语言表达的知识，称为自我知识。人生意义的解答有可能在这里。

49 知识的种类（二）：自我知识

自我知识通常指的是个人对于自己心灵状态的知识，例如，我知道痛的感觉是什么，红色的感官知觉是什么。心灵的内在经验能够让我们知道这些感官感觉，也唯有通过这些感觉经验，我们才能获得这种知识。

如人饮水，冷暖自知

这样的内在经验属于个人所有，虽然我们有理由相信，人类有着类似或甚至相同的内在经验，但是我们无法证实这些内在经验的确是一样的。因为我们无法直接分享内在经验，只有经验者能在第一线上面对这些经验，套句佛家的话，“如人饮水，冷暖自知”。这种如人饮水的知识就称为自我知识。

另一种常用“自我知识”的意义，是关于对自己了解的知识。例如，“我是一个善良的人”或“我是一个诚实的人”，这样的知识事实上也只有我一个人能确定，别人无法像我一样直接针对我的内在经验进行观察来认识我。虽然有时我们会去评价别人或是被别人评价，我们也不见得完全认识自己，但是自己真正是怎么样的人，只有自己能够确定。这个意义下的自我知识并没有脱离前面所谈的自我知识，当我们谈论自我知识时也同时包括这类知识。

在分类上，自我知识比较接近实践型知识，因为自我知识通常需要实践才能得之。例如，如果有人悟道了，或是发现“人有良知”了，这些都需要经历一番实践的过程才能知道。但是，自我知识却未必难以说清楚，有时它可以以非常清楚明确的语言方式呈现，比如“我有良知”，这方面却又类似于“事实型知识”。不过，对于缺乏良知体验的人来讲，也是无法了解的。相对于实践型知识通常在于描述“技能”来说，自我知识通常跟技能比较无关，它针对内在自我的认识。所以，我们可以将自我知识另外归于一个类别，或者也可以把它归为实践型知识的一种。这只是定义的问题。

东方与西方的观点

基本上，自我知识在西方哲学精神上，是比较不受欢迎的知识类型，因为它不够客观。但是，有许多问题必须诉诸自我知识才能获得更进一步的发展，像是信徒通过“与神对话”等神秘体验来证实神的存在。人生意义的问题也是，当有人真的像是顿悟般了解了生命意义，旁人是无法分享所得的。即使他热诚地说了一堆体悟，对其他人来说仍像鸭子听雷，完全没有帮助。但是，如果他作为一个人生导师，引导别人通过自我的修行，达成跟他类似的体悟，这可能会很有帮助。一个人自己摸索可以学会某个实践型知识，如果有良师在旁协助，应该会学得更快、更好。

在东方哲学中，比较被重视的自我知识，属于一般人看不见的、被蒙蔽的内在自我。学习过程就是要让这样的自我，在直观的内省中重现。这通常需要历经一番特别的实践（修行），无论是道德实践、静坐冥想，还是不被外境干扰的不动心训练。在实践的过程中，逐渐衍生出一种前所未有的新体验，借由对新体验的直观把握，获得新知识并且形成自我知识。

如果把这种需要通过特殊实践来获得的知识，当作整个哲学理论的核心，在西方会被归类成“神秘主义”，而神秘主义通常比较接近宗教，许多西方哲学家就认为东方哲学实际上是一种宗教。虽然，的确有某些像是宗教的地方，例如，当内在自我重现之前，我们一定要先相信这种内在自我真的存在，也要相信指导者（师父）的观点与方法是正确的。这样的思考方法的确比较接近西方的宗教，而不是强调怀疑的西方哲学。其实，东方哲学的自我知识并非单纯是一种信仰，信仰的用途只在于最初实践的阶段，而后必须通过“体证”（经由实践去体验与证实）来把握知识，所以归类为宗教并不适当。

50 知识的合理性结构与笛卡尔的怀疑

知识的要素之一是合理性，也就是具有“让我们在理智上感到有说服力”的特性。当我们听别人说一段推理时，有时会觉得很合理、很有说服力，有时却会认为根本就是胡说。通常在这种情况下，我们会用自己的感觉来做是非判断。从另一个角度来看也会发现，同一段话对不同的人有时会导致不太一样的说服力。即使都尝试客观思考，还是会有差异。也就是说，个人感觉可能不太准，这时怎么办呢？哲学家们开始思考，合理性的感觉是怎么来的？为什么一个主张会让我们感到合理？是否有客观的合理性源头，建立起整个知识系统？

寻找基础知识

举例来说，妈妈告诉小孩说：“我们站在地球上，而地球是圆的，不是平的。”小孩可能会趴下来看看地面，然后说：“明明是平的啊！为什么是圆的？”当小孩觉得妈妈说得不合理、没有说服力时，会要求更进一步的说明。妈妈或许会说：“这是科学家发现的事实。”当妈妈这么说的时候，表示她认为，第一句话的合理性与说服力可以由第二句话来提供。但小孩或许还不满意，他不觉得有被说服，也不觉得这个理由够好，于是再问：“为什么科学家发现的就是对的？”妈妈可能会再尝试说明："因为科学用比较客观的方法来观察，并且从外太空可以看清楚整个地球的形状，所以科学家是比较可以相信的。"妈妈用这段话来支持第二句话，使第二句话更为合理与有说服力。如果小孩被说服了，合理性的结构就形成，最后一段话支持第二句，而第二句话支持着第一句。

为了深入探讨合理性的结构，我们可以再问，为什么小孩会被最后一段话说服？理由应该是，在小孩的认知中，他已经具备某些知识，而这些知识可以提供最后一段话的合理性基础，因此他会被说服。否则，他会再继续问下去，直到和已经具备的知识合理性基础衔接上为止（或是直到被斥责为止）。

从这个合理性的结构来看，可以尝试思考几个问题，第一，在我们的认知中，提供整个合理性与说服力的最基础知识是什么？这个问题也就是在问，如果我们一直追问其合理性，最后会到达什么知识呢？第二，我们是什么时候开始学会这些最基础知识的？为什么会认为这些知识有说服力呢？这些问题在哲学史上，从笛卡尔开始形成一段寻找"基础知识"的思想史。

如果上帝扮演妈妈的角色，而每个哲学家都是发问的小孩，那么我们可以说，历史上最难搞，但最后还是被搞定了的小孩，大概就是笛卡尔了（上帝应该会很有成就感吧）。

作为一个严谨的思考者，哲学家笛卡尔对于"日常生活的知识经常出错"这种情况，感到难以接受。人们经常性地看错某些事物及其因果关系，也经常性地误解他人的想法，甚至对政局、艺术等等有着分歧的意见。对于这个大家都习以为常的现象，笛卡尔感到疑惑，因此他问，为什么会这样呢？可以不要这样吗？

这个问题的解答其实不难想象，最可能的答案就是有许多错误的知识混杂在我们的思考中。只要我们用到这些错误知识，就可能导致错误。根本解决问题的方法，就是把错误知识全挑出来丢弃。但问题是，我们很难区分哪些是错误的，哪些是正确的。面对这个困难，笛卡尔想到一个釜底抽薪之计。干脆把一切可疑的知识先全部推翻舍弃，然后寻找一个绝对不会错的知识基点，再以这个基点小心谨慎地重新建构整个新的知识体系。如此一来，就能够将一切错误的知识排除在外，而剩下的知识就都是正确的了。从此以后，我们不用再担心出现错误知识了。

有件事情不能被怀疑

这真是个伟大的理想。为了达成这个目标，笛卡尔用“怀疑”作为排除一切可疑知识的方法，只要任何一个知识可以被怀疑，它就有可能会错，不能够作为知识的基点，就暂时先将它丢弃。于是，笛卡尔开始寻找究竟有没有什么知识是不能被怀疑的。这种为了寻找不可被怀疑的知识而怀疑的普遍怀疑方法，是方法论意义上的怀疑，不是本体论意义上的怀疑。这不是为了怀疑而怀疑，而是为了无法怀疑而使用的怀疑手段。

首先，笛卡尔认为感官知觉的知识是可以被怀疑的，因为我们发现感官知觉有时会出错，例如错觉或是幻觉之类的错误。由于感官知觉有可能出错，当我们有了新的感官知觉时，必须假设它是有可能错的。然而，我们是否能够判断这次新的感官知觉，绝对不同于过去发生错误的感官知觉呢？如果可以就无所谓，不用担心错误；如果办不到，就不能确认它绝对不会错。如此一来，就不能确信任何感官知觉。笛卡尔认为，我们无法区分会错的与不会错的感官知觉，因此不能相信感官知觉。

其次，笛卡尔也认为所有数学、逻辑知识都值得怀疑，甚至这个世界是否存在也可以怀疑。我们可以想象一个恶魔侵入我们的思考，并欺骗我们。在这样的想象中，几乎所有一切都是可以被怀疑的。那么，有什么东西是不能被怀疑的呢？

有！笛卡尔发现有个无法被怀疑的东西，那就是“我正在怀疑”这件事情。或者更精确地说，“有一个怀疑的思考活动存在”是不能被怀疑的。也就是说，在怀疑的过程中，发现了一个不可被怀疑的东西就是怀疑本身，即一个思考主体的存在。这个思考主体指的纯粹是一个思考活动，不必然包含一个身体，单纯论及一个正在怀疑的那个东西。在日常生活中，我们没有任何习惯用语来称呼这个东西，第一次看到这种说法时，会感到很怪异，好像无法捕捉到什么，也不知该如何理解。就简单先称其为“思考主体”，习惯后就会觉得很自然了。

笛卡尔找到了一个不可被怀疑的知识基点，他企图借由这个基点重建新的知识体系。如果他能成功依照计划重建知识体系的话，他的梦想或许会完成，不再有错误知识存在于我们的思考之中。然而，由于我们现在日常知识的情况并没有什么好转，结果当然是失败的。他究竟败在哪里呢？

笛卡尔开启新的思潮

在找到知识基点之后，笛卡尔开始进行推理。我们（思考主体）既然会怀疑，表示我们不是完美的个体，但是这个不完美个体拥有完美的观念。由于完美的观念不可能由不完美的个体生产出来，因此我们可以发现，思考主体所拥有的完美观念，一定来自于其他地方，来自于完美的事物。我们可以将这完美的事物称为神（因为也只有神可能是完美的，以及神的定义就是完美的），所以，我们可以确信："神存在"。（这是笛卡尔企图证明神存在所提出的一种本体论论证，也是从神的基本属性来论证神的存在。）

笛卡尔继续推理下去，既然完美的事物（神）存在，我们便可以确定之前的恶魔假设是不能成立的，因为一个完美的事物不可能容许这样的恶魔欺骗人们，所以我们可以确信"这个世界真的存在"，而且数学逻辑都应该是正确的。之后，笛卡尔再将一切存在区分成思考主体（心灵）和外在世界（物质），进而研究它们的基本性质。例如，心灵的本质是"思考"，而物体的基本性质是"占有空间"。从此出发，继续他的知识建构。

这里可以清楚地看见，当笛卡尔找到知识基点（我在）之后，他的推理就开始轻率起来了，像是"会怀疑就不完美"、"不完美的个体无法想出完美的观念"等等，虽然很合理，但都无法像知识基点一样具有不可被怀疑的特性。尽管笛卡尔在这个尝试中算是失败了，这个尝试却开启了新的思潮。这个思考模式产生了一个典型的"基础论"（foundationalism）立场，这个立场的知识论认为，"知识的建构必须先寻找基础知识，或称为基础信念（basic beliefs），尤其是那种不会错的基础知识，再借由这些基础知识建构上层知识。"

笛卡尔虽然没有成功，但开拓了一片新的思想大地，后继的哲学家们可以更轻松地走进这块称为基础论的思想新世界，继续耕耘与收获。

51 基础论与理性主义

当我们听到一个新想法，除非这个想法非常符合直觉，否则通常会经过一番思考才会接受。思考的过程就是在寻找支持这个新信念的理由。

知识革新带来的转变

当我们找到好的理由来相信这个想法时，就等于在信念间搭起一个“支持”的关系，而将新的信念纳入我们的知识网络里面。事实上，这种自然而然的思考习惯所建立起信念间的支持关系网，就类似基础论所主张的知识结构。这些理所当然的信念称之为“基础信念”，而需要其他信念支持的信念则称为“非基础信念”。所有非基础信念的合理性由其他非基础信念或是基础信念所提供；而基础信念本身就具有合理性，不需有其他信念的支持。

那些在日常生活中被认为理所当然的信念，就成了整个信念网络的基层，而成为基础论知识结构中的基础信念，而由这些基础信念所支持的其他信念则为整个知识结构的上层，是非基础信念。这是人们天生在思考以及建立知识体系时的最原始方法，因此很自然地，如笛卡尔一般，当我们对已有的整个知识体系不满意时，便会回到我们所认为的知识的出发点——基础知识——去寻找解答。也就是说，我们过去可能过于轻率地将一些原本是错误的信念当作理所当然的，而让一些错误的信念隐藏在基础信念之中，导致许多错误的知识。因此，重建知识的最重要工作，自然就是深入基础信念的区域，把错误的知识找出来丢弃，让基础知识的区域只剩下正确的信念。

这样一个知识革新的想法是很自然的，也很有意义，并不是太难的工作。只要仔细去找，挑出错误的知识即可。但是在哲学史上，人们实际去执行这个任务之后，却发现跟原本的预期很不一样。原本只想剔除一些可能是极少数的害群之马，最后却几乎斩草除根，走向一个令人意想不到的思维世界。让我们来看看这段有趣的思想转折。

问题焦点：基础信念是否存在？

基础论的基本主张是，“在我们的认知中，所有正确的信念之间有着合理性支持的关系，而这支持的关系所构成的结构像大厦一般，分为地基和上层结构，上层结构有很多层，不断堆积上去。这座知识大厦的地基就是不需要其他信念支持的基础信念，而上层结构则是需要其他信念支持的非基础信念。”

整个基础论问题的焦点在于，这样的基础信念是否存在？首先，我们可以分析出，基础信念必须具备两个特质。第一，基础信念本身就已经是明显合理为真，不需要其他信念的支持，即所谓自明的（self-justified）信念。它本身是合理的，不需要由其他信念提供合理性。第二，基础信念可以用来支持其他正确的信念，而形成完整的知识网络。当目标明确之后，哲学家们就开始了寻找基础信念的任务。

以笛卡尔为代表的理性主义（Rationalism）认为，基础信念就是那些在我们认知中先天具备而且为真的信念，简单称之为“先验知识”（a priori knowledge）。所谓“先验知识”指的是无需依赖经验也可以知道其为真的知识，就像笛卡尔光靠“我思故我在”的推理（不需依赖任何感官经验）就找到了“我在”的知识一样。这种知识也可以说是在认知上先于经验的知识。有人称呼这样的知识为先天知识，意指与生俱来的知识。其实两者意思差不了多少，通常先于经验的知识也应该是先天的，而且都是自明的。当我们看见它时，就自然而然觉得那是正确的，完全不需要其他信念的支持。

不过，称呼其为与生俱来的知识会有比较多的麻烦。例如，笛卡尔认为矛盾律（P 与非 P 不能同时为真）是自明的，也是先于经验的。我们或许不需要依赖什么经验也能知道矛盾律为真，但如果说它是先天的、与生俱来的，似乎是说，每一个刚出生的婴儿都知道矛盾律为真，这就不可思议了。所以，不要将“先验知识”当作是出生就有的知识，而是人们认知中，不需要依赖任何特定经验，就必然可以获得的知识，这样会比较有说服力一些。

先验知识与经验知识

有哪些知识是先验知识呢？基本上，理性主义主张数学、逻辑等知识都是先验知识，而这些先验知识组成了知识体系中稳固的基础信念，可以用来支持其他知识。然而，我们可以发现，就算这些先验知识是正确的，光靠先验知识作为基础知识是不够的。由于我们日常生活中大多数的知识是经验知识——也就是通过感官知觉获得的知识，而理性主义认为经验的知识是可能错的，我们无法确定感官感觉何时会错，因此永远无法信赖从感官感觉获得的知识，感官知识无法成为理想的基础知识。既然在基础知识的区域中没有感官知识，其上层也不会莫名其妙地出现感官知识。在这种情况下，先验知识便无法成为一个完整的基础知识，因为其无法支撑整个知识体系的合理性结构。

另外，为什么先验知识就不会错呢？以笛卡尔本身的怀疑来看，事实上他只找到一个“我正在怀疑”这件事情是不可怀疑的。既然如此，我们如何能够信赖其他先验知识呢？于是笛卡尔提出一个清晰明确的标准，只要其具有“明显为真”的特质就可以了。从现代认知科学的证据来看，即使有些信念“明显为真”，而且还是先天所拥有，也可能是错的。例如，有证据显示婴儿从小就具有“一个东西不会凭空消失”以及“这个世界是（长、宽、高）三次元的结构”这样的信念，而当代物理学有证据显示，这些信念都可能是错的。一个粒子可以和其反粒子碰撞后凭空消失；依据相对论或是弦论，这个世界不是三次元的结构。如果我们暂时放弃这些“明显为真”的知识，只保留一个“我正在怀疑”的信念，以其作为基础信念又如何呢？这个单一信念没什么用处，因为即使我们真的完全不能怀疑它，它也无法用来支持其他知识。

理性主义的基础论可以说是困难重重，在怀疑了经验知识并将其暂时丢弃之后，却无法找到一个合理性的支撑点，将它们重新放回知识网络，所提出的先验知识也未必全部都没问题，而真正找到的不可怀疑的信念，又不足以建构起整个知识体系。接着我们来看看，直接把经验知识当作基础知识会不会比较好。

52 经验主义式的基础论

经验主义（Empiricism）认为，“一切知识都来自于经验，经验才是所有知识的源头。”这里所谓的经验指的是感官经验，也就是从我们与外界接触的各种感官知觉（视觉、听觉、嗅觉、味觉、触觉）所获取的一切经验。

最大优点也是缺点

这类主张在哲学史上历史悠久。从古希腊时期的亚里士多德，到文艺复兴时代的著名哲学家们，洛克、柏克莱、休谟，甚至到了现代的逻辑经验论，以及当今科学界大部分领域的研究方法（除了理论物理学依据数学模型来探讨世界之外），大都遵循着这样的观念。

从经验主义的基本主张来看知识的合理性结构，作为知识基础的最基本信念当然就是依据感官知觉所形成的信念，而其他非感官知觉的信念都源自于感官知觉而被支持，因此非感官知觉的知识可以说都是非基础信念。

经验主义反对理性主义者所主张的先验知识存在。理性主义者认为，先验知识的最大特色就是所有人都普遍认同，无论文化是否有差异都具有共同的知识，因此这些知识一定是与生俱来的。对此经验主义者洛克反驳说，事实上没有那种真的被普遍接受的知识，因为幼儿的心中并不会有任何关于数学与逻辑的观念。洛克认为，包括数学与逻辑等在内的一切知识都是来自于经验。

TIPS 理论物理学与实验物理学的差异

从研究方法来看，物理学可以区分成实验物理学与理论物理学。实验物理学比较强调经验证据。如果要证实一个主张，就需要有实验根据。所以，为了研究微小粒子的微观世界，科学家们制造了各种粒子对撞机，借以观察粒子现象来证实许多科学假说。理论物理学则是借由建构数学模型来对世界的真相提出主张，像是最初爱因斯坦提出相对论时，就单纯是借由某些假设后，由数学模型计算出来，没有任何经验证据的支持（直到多年后才被实验证实）。而当今很红的弦论，主张这个世界实际上是由十次元或是二十六次元时空所组成，也是单纯由其所建构的数学模型计算出来的结果。这种类型的科学方法较不属于经验主义式的方法，反而较为接近理性主义的基本精神。

从经验主义的角度来看信念之间如何互相支持的结构，可以发现一项很好的优点："大多数的知识都可以根源于感官知识。"但其主要缺点之一，也就是理性主义所批评的，感官经验是可能出错的，而且我们很难确认何时感官经验会出错以及不会出错。从下列的论证来看似乎真的如此：

（1）感官经验是会发生错误的。由各种幻觉与错觉的发生可以证明这点。

（2）当感官知觉发生错误时，我们难以分辨其是否有出错。

（3）因此，感官知觉是不值得信赖的。

感官知觉或许在大多数时候是正确的，但是只要它会发生难以判断是否为错误的情况，从一个严格的高标准来看，我们就不能信赖它。经验主义所提供的基础知识有一个缺点，就是基础知识不保证正确。既然基础知识都不能保证正确，上层需要依赖基础知识的其他信念就更没有保障了，因此经验主义式的基础论难以达成我们期待的理想目标。

基础知识可以错吗？

另一个主要的缺点在于，有一些似乎明显为真的知识却无法完全从经验中获得，例如“因果律”。如同休谟对因果律的怀疑：“我们根本看不到因果关系。”因果关系无法通过观察而获得，如果一切正确的知识只能源自经验，那么我们就只能说，“因果关系是不存在的”。除此之外，“所有全称叙述”也无法来自经验，我们如何单纯凭借着感官知觉的观察知道“所有乌鸦是黑色的呢？”如果一切正确的信念都来自于经验，除非我们观察完全，否则不可能做这样的判断。然而，我们根本不可能确定何时已经观察完全，因为总是有可能有没被观察到的。诸如此类的全称叙述几乎都不存在经验主义的基础论知识架构之中，因此经验主义的主张在建构整个知识系统时，也留下难以被接受的窘境。

在面对这些困难时，经验主义者倾向于放弃把基础知识当作不会错的知识。也就是说，仍然主张经验知识是一切知识的源头，而且扮演基础知识的角色，但接受基础知识是可能会错的。这样的转变就把原本（基础知识不会错）的基础论进化到“可错型基础论”。

在这样的立场退守之后，会遇到另一个问题，“当主张某个基础知识会错时，我们的依据是什么？”如果依据的是其他（造成冲突的）基础知识，如何判断哪一个基础知识才应该被判定错误？这个判断标准的知识是哪里来的？如果依据的是某些非基础知识，又如何能再区别基础与非基础呢？尝试回答这样的问题时，容易让基础论的结构整个瓦解，形成“所有知识互相作为依据”的主张。而这样的主张就不再属于基础论，而是属于（后面会谈到的）另一种（在20世纪才发展出来）称之为“融贯论”的新理论了。

在讨论融贯论之前，先看看一种几乎要成功的基础论：康德的“哥白尼式反转”所导出的理论。

53 康德基础论：以先验综合判断为基础知识

综观理性主义与经验主义在建构基础知识所遭遇到的问题，康德认为，要完成建构知识的合理性结构，其关键点在于他所谓的“先验综合判断”。那么，什么是先验综合判断呢?

先验对照后验

康德除了（如同理性主义与经验主义一般）将信念区分成先验（a priori）与后验（a posteriori）之外，还区分成分析的（analytic）与综合的（synthetic）两种。两种分类各取其一，可以组合成整个知识合理性结构中最重要的，先验综合的（synthetic a priori）信念，也就是先验综合判断。

“先验”的优点在于其是自明的、不会错、不需要其他信念的支持，而“综合”的优点在于可以用来支持其他信念的合理性。因此先验综合的信念正好适合担当基础论结构中的基础知识了。

“先验知识”与“后验知识”的主要区分在于，“是否需要依赖某些特定感官经验才能判断其为真”。例如，“松柏的叶子是绿色的”，这个信念是后验的，因为必须依赖对松柏叶子的感官知觉才能判断其为真或假。反之，像是“三角形有三个角”、“红花是花”、“1 + 1 = 2”

等等，不需要任何特定的感官经验就能够知道其为真。这些信念就被康德归类为先验的知识，其本身就是合理的，不需要有其他信念的支持。先验与后验区别的重要性在于，先验的判断无须依赖任何特定经验，但是后验的判断必须仰赖特定经验，而感官经验比较可能会错，所以后验判断是比较没保障的判断。

综合对照分析

分析与综合的区别在于，“一个叙述的前项意义是否已经完全包含了后项”。举例来说，“白雪是白色的”，在这个叙述中，我们称“白雪”为前项，而“白色的”则为后项。前项的意义包含了“雪”和“白色”两个，而后项的意义只有“白色”一个，前项所具有的意义已经完全包含了后项所具有的意义，这个叙述就称之为“分析的”，意思是说，后项可以从前项分析出来。

“叶子是绿色的”，这个叙述语句的前项“叶子”的意义并不包含“绿色”，虽然多数叶子是绿色的，但是只要词汇的意义本身不包含就不算包含，这样的叙述语句称为“综合的”。如果把叙述语句当作是一种判断，我们就称其为分析判断或是综合判断；如果将其当作是信念，也就算是分析型的信念或是综合型的信念。但是在哲学的讨论上，我们比较常用“命题”（分析命题与综合命题）或是“判断”来称呼它们。“命题”这个词在哲学上有特殊的用法，其对应的是“有真假值的语句”，也就是能够用“真”（正确的）或是“假”（错误的）来衡量的语句。针对的不是语言本身，而是语言所表达的意义。

分析与综合的区别常常被误解成“字面上”的包含，但“命题”针对的不是语言，而是语言所表达的意义，所以重点在于“意义上”的包含。例如，“单身汉是未婚的”，这个叙述在字面上前项并没有包含后项，但因其意义上有包含，所以是分析命题。而另一个例子，“单身贵族是贵族”，这个叙述在字面上前项包含后项，但是意义上不包含，因此它便是综合命题。

分析命题与综合命题区分的重点在于，分析命题的知识无法扩展，也就是无法作为支持其他知识合理性基础的知识，但是综合命题可以。分析命题由于前项的意义比后项还多，这种话属于说了也是白说的废话，即使这样的知识绝对不可能错，但这样的命题并不能告诉我们更多的事物，也无法借由许多分析命题的组合而衍生新的知识，或用来支持其他信念。

综合命题就不是这样，由于其后项有前项所没有的意义，因此在不同综合命题的组合下可能产生出新的知识。例如，当我们具有“奇异果是含有丰富营养的水果”以及“吃含有丰富营养的水果有益健康”两个知识时，就可以借由它们衍生出一个新的知识：“吃奇异果有益健康。”当综合命题作为基础知识时，可以用来支持其他非基础知识，而这样的非基础知识也可以用来支持其他非基础知识。

两种知识的优点

在此，康德找到了两种知识的特色，一是先验知识是不会错的，二是综合判断可以衍生出其他知识。这两个优点正是我们寻找作为基础论知识结构的基础信念，如果有知识同时具备这两个优点，它就可能是基础信念的最佳候选人。康德称这样的知识为“先验综合判断”。

康德认为，符合先验综合判断的知识有关于数学与逻辑方面的知识。另外，休谟所怀疑的“凡事必有因”以及“自然齐一律”，都被康德认为是我们先天的认知结构而成为先验综合判断。

TIPS 何谓先天的认知结构

传统上，人们认为世界就在那里，而我们借由感官知觉认识这个世界。但是，在理性主义与经验主义的讨论过后，这种传统观点产生了难以解决的问题，以致产生出休谟的各种怀疑。康德在思考这些问题之后认为，我们不仅仅被动地认识这个世界，而是在某种程度上主动地塑造我们对世界的认识。简单地说，我们具有一些认知上的结构，就像各种模子一样，把从世界接收到的素材，制造成我们能理解的模样，然后认识与解读这个世界。像是时间、空间、因果律等等都是我们认识世界的模子。哲学史上把这样一个认知上的转变，和哥白尼从“地球中心说”改成“太阳中心说”做类比，而称之为“康德的哥白尼式反转”或“康德的哥白尼式革命”。

悬而未决的问题

这个理论乍听之下很有吸引力，的确也相当程度提供了很好的知识基础，但是细细品味之后发现，问题仍旧没有完全得到解决。第一，先验综合判断真的都是不会错的吗？第二，光靠先验综合判断真的可以发展出所有的知识吗？

关于第一个问题，虽然我们习惯性地接受因果律以及自然齐一律，但是说它们是先天的认知结构不太适合，因为我们仍旧可以想象没有因果律的世界，以及自然齐一律是错误的状态，所以这些判断未必是先验的。就算它们真的是先验的，也未必就是对的。我们如何能够确定只要不依赖感官知觉的知识就是正确的知识呢？另外，光靠康德所提出的先验综合判断是不够的，问题和理性主义会遇到的困难类似，如果知识的基础不包含感官经验，就难以建构出一个包含感官经验的知识体系，但此说我们似乎必须放弃感官知识，所以这也不是我们希望的知识结构。

那么，还有什么可能的知识可以作为基础论知识结构中的基础知识呢？在不断的失败之后，许多哲学家开始尝试主张，“根本不存在不会错的基础知识”，如此一来，知识的结构就不再像大厦一般，而是另一种风貌了。

54 融贯论：所有知识互相支持

融贯论（Coherentism）起源于对基础论的否定。由于基础论在寻找基础信念（或基础知识）中遇到很大的困难，让我们思考到一个问题，会不会根本就没有基础知识的存在？或者说，基础论根本就是个错误的理论？

如果真是如此，信念间的合理性支持结构该是如何？如果信念间没有基础与非基础的差别，也不会有上层与下层的差别，所有信念直接或是间接地互相支持而形成一个融贯的网络。当我们这样主张时，就等于在支持融贯论的知识体系："一个信念之所以是合理的，那是因为由整体信念所组成的信念网，可以用来支持它，因而提供一个合理性的基础。"

TIPS　真理的融贯论与合理性的融贯论

这里谈的融贯论（称之为"合理性的融贯论"或"证成的融贯论"）和前面提到的谈论如何定义"真"的融贯论（称为"真理的融贯论"）不同。差别在于，这里谈的融贯论针对的是信念之间合理性的关系结构，而真理的融贯论则是用融贯来定义何谓"真"。

信念被否定的历程

融贯论最吸引人的地方在于，当我们对知识进行反思时会发现，知识大多有着不稳定的基础，都可能因为其他知识的改变而改变，这不符合基础论的观点，但符合融贯论的特质。在融贯论中，不会有绝对不会错的基础知识存在。我们也的确发现，任何信念都可能在某种程度上被发现是错的。为什么一个原本认为是正确的信念，在某种情况下会被我们认为是错的呢？什么样的情况产生这样的效果？

融贯论的答案也符合信念被否定的历程。当信念网中的其他信念和一个新想法不合的时候，我们会认为新想法是错的。但是，当支持这个信念的其他信念愈来愈多的时候，可能导致一场知识的革命，把那些原本不合的信念全部推翻。也就是说，一个信念和整个信念网的融贯度越高，就越会受到合理性的支持；反之，就越会被认为不合理。这样的情况的确可以在我们的认知中发现。

举例来说，2012 年时欧洲一个科学研究团队宣称，依据实验的观察与测量，他们发现，“微中子的速度比光速还要更快。”当这个实验结果公布时，大多数科学家的反应是“不可能！”他们拒绝接受这个实验结果。明明是实验结果，为什么不相信？因为这个实验结果颠覆了许多既有的物理学知识。当这个新主张进入整个物理学信念网时，会产生冲突。那为什么不接受它且排斥其他造成冲突的旧信念呢？问题就在于，一个单一实验结果无法制造比原本旧信念更大的融贯性，因此科学家们倾向于认为这个实验结果是错误的。然而，如果再有更多人得出这样的实验结果，其融贯性开始升高，就有可能撼动原本的信念网，形成一场巨大的科学革命。

后来，这个科学研究团队在多做几次实验之后，发现微中子的速度还是比光速慢，因此认为实验是某些错误所导致，而放弃先前的主张。事实上，从合理性的解释来说，仍有许多可能性可解释这一切。例如，一开始的测量是正确的，而后来的测量才是错的。或者，前后的测量都是对的，微中子在某些特殊状态下，可能突然变得比光速快。或是，光速可能比我们所知道的还要更快等等。但是，这些假设对整个物理学信念网造成的融贯性较低，也就不会成为理智所接受的解答。

融贯论的两颗未爆弹

融贯论很符合我们认知状态的变化，但也会遇到一些难题。这样的知识体系不就是一个循环支持系统吗？所有的信念混合在一起，互相支持，不就是逻辑学所说的“循环支持的谬误”？的确如此，这是融贯论必须吞下的第一颗未爆弹。

既然如此，由于自圆其说的融贯系统不会只有一个，就像我们对某些事物总会有许多不同的解读，那是否表示，融贯论知识体系下的信念并不保证为真，只能说，这是目前为止最好的融贯体系，只能暂时当作是真的。

那么我们便要问，这样的情况有结束的一天吗？如果融贯程度相同的两个不同体系互相冲突时，我们如何判断哪一个比较合理？这似乎是说，知识将失去其客观性，而变成相对主义一般，一个信念的合理性必须考虑是在哪一个融贯系统中。

为了解决这样的困扰，我们不妨假设，如果有一天我们的信念可以扩及所有能被信念包含的范围，而且到时候只有一个最好的融贯系统，那么我们便可以将融贯网的信念都视为真，并得到最后的客观性。但是，这样的一天有可能来临吗？

这似乎是不太可能的事情，很难想象在什么情况下我们可以确定一切可能的信念都被掌握了。即使有一天，针对当时可被观察的世界中所有成员已经有很好的理论说明，我们也无从衡量是否仍有难以观察、尚未被发现，或甚至无法观察到的事物存在。只要是没办法确定，我们就不能宣称那个信念网是涵盖一切可能信念中，最好且唯一的一个。

如果这真的不可能，是否表示，我们永远不能判定任何一个信念为真？这似乎是很容易从融贯论的基本主张推出的答案。融贯论者若真是这样主张的话，这是其必须吞下的第二颗未爆弹。

拆解危机引信

我们先来看看第一颗未爆弹。一个循环支持的论证中，如果信念成员越少，可信度自然越低。当其循环支持的信念愈来愈多时，可信度就开始提升。因为成员越多，其融贯性就越难达成。换句话说，当越多的信念加入一个循环解释的体系时，此融贯系统也越容易形成矛盾。如果没有形成矛盾，这个信念网就越来越有可信度。虽然融贯论在其本质上是一个循环支持的谬误，但是当其组成的量越大时，它就越不是一个谬误，反而会成为一个越来越有可信度的集体信念。这就像是以偏概全的谬误一般，当推理中的“偏”（已观察成员）数量越来越大且越多元时，就变成了科学认同的归纳法，而不再是一种谬误。

在这样的说明中，第一颗未爆弹或许可以逐渐减轻其未来的危机。

虽然可以在可信度上不断随着加入分子越多而越有可信度，但不会有被肯定的一天，而这也就是第二颗未爆弹的危机。

面对这个问题可以先反思一下，为什么我们认为这是一颗危险的未爆弹呢？因为我们预设一个好的知识理论要找出真理、证明真理。但是，如果事实上人类真的办不到这点呢？如果知识通往本体的道路（也就是知道客观世界真相）原本就是行不通的呢？融贯论不就显示出人类知识的不足之处，而不是一个危机了吗？

当一个融贯论者这样主张时，等于是在说，这颗未爆弹并非真的炸弹，而是莫须有的东西。这样的融贯论很遗憾地宣告了知识是无法通往真理的。然而，也不尽然如此，如前面所说的，如果信念的量可以到达几乎完整的地步，或甚至是囊括一切有可能的信念之后，形成一个唯一的融贯系统，到时候还是有可能宣告一切在此融贯系统的信念都是客观为真的。虽然很难想象真有这样的一天，但那或许就是在人类智识上有突破的时刻。

55 怀疑论

在哲学上，当我们提到什么“论”或是什么“主义”时，通常是指某个特定的主张，“怀疑论”（skepticism）却是个例外。这个专有名词实际上是一个统称，凡是针对我们习以为常的事物，提出一个怀疑的理由，或甚至只是抱持一个怀疑的态度，所产生出来的想法，都可以称为怀疑论。

批判性思考精神与怀疑论者

如果针对的是平常大家会怀疑的事物，例如，某政治人物是否贪污？鬼是否存在？某个人的想法是否符合逻辑？具有这些平常大家会去怀疑的想法的人，我们会说这些人比较具有批判性思考精神（这在哲学上常常是赞美词），而比较不会称其为怀疑论者（这在哲学上有时会具有贬损意味）。怀疑论是针对平时我们比较不会去怀疑的事物在怀疑。例如，“世界是否真实存在”、“自我是否存在”、“他人是否真的有心灵”，这些在日常生活中都被认为是理所当然的事物。当怀疑论者开始进行怀疑时，有时我们会发现，这些理所当然的信念还真的是有问题。

怀疑论的确有其价值，但是某些类型的怀疑论者却让人十分头痛，也十分讨厌。这类怀疑论者不提怀疑的理由，只一再强调：“我怀疑你所说的，你无法说服我，你需要进一步证明。”当我们遇到这种怀疑论者时，会显得无可奈何，因为这是永远没完没了的。这就是为什么“怀疑论者”有时会被当作贬损词在使用了。当怀疑论者被比喻成这种毫无建设性问题的讨论对象时，就会变成一个负面用语。

由于怀疑论是去质疑我们在日常生活中比较不会去质疑的东西，因此许多人会认为怀疑这些东西很无聊，根本是没事找事做。不过也有人认为，虽然这样的质疑没什么必要，但还是有益的，它可以训练我们的思考能力。这两种想法都把怀疑论看得太过肤浅，因为所有在哲学上可以被怀疑的东西，真的都有被怀疑的价值。

你有怀疑精神吗？

试想在日常生活中有哪些东西不值得怀疑？对于100年前的人来说，质量与能量的区别、空间与时间的区别是没什么好怀疑的，但是，现代科学将它们都关联起来了。曾经人们认为神的存在是不容怀疑的，男人比女人优秀是无需怀疑的，但是，现在的我们大都会怀疑这些想法，甚至否定它们。那么，我们现在认为不需要怀疑的东西跟过去人们认为不需要怀疑的东西，有什么根本上的差别吗？目前我们认为男女应该平等平权，理由有比过去主张男尊女卑还要好吗？或者未来根本会认为女人才是比较高等的生物也说不定。

当我们去怀疑现有的某些观念时，思想就开始挣脱时代的束缚，如果挣脱成功，就可以更自由遨游在广阔的思想世界。在广阔的思想世界中，我们或许可以找到更可靠的知识或是真理。我想这是怀疑论的最大价值。

从怀疑论的想法延伸，我们可以用一个词汇来描述喜欢怀疑的人的一个特质，这样的特质称为“怀疑精神”。怀疑精神在日常生活中让人比较不会被谬误的言论所迷惑，在追求真理的过程中比较能够开拓新的思维疆域。当然，只有怀疑精神是不够的，必须连带有思考的工具，比如逻辑与批判性思考能力的辅助才能发挥功效。以下几篇，我们将讨论在哲学领域里几个重要的被怀疑对象。

56 他心问题：别人有心灵吗?

想象一下，你是个学生，走在拥挤的城市街道上，有个人快速从后面冲过来撞到你，然后匆忙离去，没有一句道歉。遇到这种情形，你可能会很生气，也可能在心里咒他：“赶着去投胎啊！”就在你停下脚步心里咒骂的时候，有辆车在路口对你猛按喇叭。这使你更生气了，心里可能想着：“乱按什么喇叭。”到了学校，有同学跑过来跟你说：“今天早上不用上课，因为老师请假。”你终于绽放出笑容，想着：“总算有件好事发生了。”但是，同学随即对你说：“愚人节快乐！”这时，你几乎快气炸了。

你知道自己很生气，因为那个路人鲁莽粗心，撞到人居然没有道歉，开车的人一点也不体谅路人而乱按喇叭，到了学校还遭到同学戏弄。在这种情况下，世界上大概没多少人不生气。德性要修到不生气的胸襟，谈何容易。

如何能够确认别人的心?

不用任何胸襟，有一个想法可以让你不生气，就是把讨厌的人当作自动运作的机器人。如果这些粗心、不体谅、戏弄你的人都是没有心灵的机器人，有什么好生气的呢？事实上，机器人本来就不可能粗心，因为他们根本没有心。而体谅或戏弄与否都必须先有一颗心灵才行，否则只是设计好的自动装置而已。对自动装置的机器人生气才是奇怪的事。

当然，一般来说我们不会这么想，可能从来没有怀疑过别人是否有心灵，因为这样的想象实在太奇怪了。而且在直觉上，证明其他人有心灵实在是太简单不过，只要打他一下看他会不会痛，不就知道了吗？因为痛是一种心灵状态，会痛就表示有心灵。不过再仔细思考一下，这种验证方法有效吗？

换个角度思考，你可以确认自己会痛，因为你有痛的感觉。但是，你怎么能够知道别人也会痛？这样一问似乎就把我们问倒了，也凸显出“他心问题”（the problem of other minds）。确认自己的心和确认别人的心，是完全不同的两件事。

首先，当你发现你在生气的时候，你很确定，因为你感受到了自己的怒气。但是，当你认为别人有不体贴的心、粗心的心理状态或是戏弄你的心理时，你感受到了吗？没有，你只是通过他们的行为推理得到。这是第一个不同点。依据这个不同，进一步看看有没有办法证明别人的确是有心灵的。这时我们会感到迷惘，因为，如果依据经验主义的说法，“一切知识来自于经验”，但我们没有关于他人心灵的经验，很难借由经验直接去证实他人心灵的存在。其次，从理性主义来说，对于别人心灵的存在也不是自明的，认为别人有心灵的相关知识并不是任何基础知识类型。我们只能考虑它是间接得知或是推理获得的知识。那么，我们如何推理出他人心灵存在的知识呢？他人真的有心灵吗？

类比论证：我有，所以别人也有

主张他人心灵存在的一个主要论证称之为“类比论证”（argument from analogy），这也应是大多数人相信他人心灵存在的主要依据。此论证主要依据我们自己的心灵，以及我们有某心灵状态时会产生某些行为和反应来推理。当我们看见别人有类似的行为或是反应时，我们就推测并且相信，别人具有和我们类似（或甚至相同的）心灵状态。例如，自己不小心踢到桌脚时会痛，这个痛导致某些行为，像是喊一声“哎哟”、显现出痛苦的表情。当看见别人踢到桌脚，并且也产生类似行为时，虽然感觉不到别人的痛，但会推测别人有着“跟自己一样的痛”。

这个论证的可信度或许很高，但是如果说这可以“证明”他人心灵存在，又言过其实了。因为，当我们说“别人有心灵”时，“心灵”这个词汇指涉到我们对自己心灵的认识，也就是说，别人有跟我类似的心灵，然而，这却不是必然的。只要别人有能够让他们产生跟我类似行为与反应的机制即可，而这样的机制未必需要一颗心灵，更不需要一颗跟我一样或类似的心灵。如果我们要证明他人有心灵，光是这个类比论证是不够的，还需要其他论证的帮助。

当然，我们可以用更多的东西来类比，也可以类比外形，例如，长得像我这样的也会和我一样有心灵；或者，跟我一样有大脑的也一样会有心灵。这样的类比虽然有加强相信他人有心灵的作用，但除非能找到外形或大脑与心灵的必然关联，否则难以达成目的。

我们也可以说，因为他人跟我一样会使用与心灵相关的语言，而我是有心灵才知道如何运用这些心灵词汇的。从来没有痛和痒经验的人，又如何能学会使用这两个字呢？因此，会使用心灵词汇的别人也会有心灵。这个推理虽然很合理，却必须先预设“能恰当使用心灵词汇的人必须具备相关心灵状态”。然而，我们已有许多证据显示这个预设是错误的。例如，心理学家发现，“一个从小就全盲的小孩可以在日常生活中相当程度上使用‘看’这个字，事实上他却完全看不到任何东西。”也就是说，没有相对应的感官经验，一样有可能（在相当程度上）学会一个和感觉经验直接相关的语词用法。因此，上述推理虽然能够提升他人有心灵的合理性，但仍旧无法真正导出他人有心灵的事实。

可以类比的越多，说服力似乎就越高，但是无论如何，这些论证都无法排除“他人没有一颗和我类似的心灵”的可能性。因此，类比论证永远无法证明他人心灵的存在。

私有语言论证：他人没有心灵，不合理

除了类比论证之外，另一个较著名的论证最早由20世纪哲学家维特根斯坦所提出，称之为“私有语言论证”（the private language argument）。这个论证的基本描述方式如下：

（1）如果其他人都没有心灵，那么我是唯一有心灵的。

（2）如果我是唯一有心灵的，那么我所使用的语言就是私有语言（自己发明、自己遵守、自己使用的语言）。

（3）由于语言是有规则的，因此语言的使用与学习必须经过规则遵守的过程。

（4）由于一个人（或一个心灵）不可能独自遵守或形成规则，因

此私有语言是不可能的。

（5）所以，他人心灵存在。

这个论证使用一种称之为“归谬证法”的方式，提出他人有心灵的主张。首先假设结论的反面（他人都没有心灵）是对的，然后导出不合理（我们使用的语言是私有语言，这是不合理的），这情况说明我们最初的假设是不合理的（即假设他人都没有心灵是不合理的），进而主张结论（他人心灵存在）。

这个论证虽然很合理地提出了他人心灵存在的理由，但是仍有两个缺点，第一，此论证只能用来证明“他人都没有心灵是不合理的”，而从这里推出“至少有他人心灵的存在”，但并不能等同于“所有其他人都是有心灵的”。因此，如果事实上某些人有心灵，而某些人没有，这在论证中不会出现不合理的情况。依据前面谈过的，“这个世界就像线上游戏一般的世界”的类比来看，说不定某些人是有心灵的玩家，而某些人则是俗称为NPC（Non-Player Character）的电脑设定虚拟人物。这样的假设不会受到私有语言论证的攻击，还是有可能某些人是没有心灵的。

第二，虽然我们无法想象一个人如何造出这种需要共同约定的语言，但是我们可以想象其他可能的状况，来怀疑他人心灵的存在。例如，语言的确是许多人共同创造出来的，但这些人的心灵都不见了，只剩下我一个人的心灵存在于这个世界。或者，语言从很久以前就造好了，但是人类后来都变成没有心灵，即使没有心灵也能够继续遵守语言规则，而我是突变之后又出现心灵的唯一人类。

从这些异想天开的想象来看，我们可以发现，要完全证明他人有心灵大概是不太可能的，最多只能提出一些合理的理由相信他人有心灵。除非有一天我们真的解开了心灵之谜，了解心灵是如何产生的。依据前面提到的意识问题来看，这一天还不知是否真能来临。私有语言论证虽然不能真正证明他人有心灵，却可以主张，“他人有心灵是个最合理的假设。”能达成此一目标，此论证也已经是成果非凡了。

57 逆反感质问题

17 世纪哲学家洛克提出了逆反感质（inverted qualia）的问题。“感质”这个专有名词指的是内心主观的感官知觉，像是各种颜色、触感、气味等感觉。逆反感质问题是说，假设我看见红色时所知觉到的色感（感质）和别人看绿色的色感相同，而且我看绿色的色感和别人看红色的色感相同，这样的感质对调具有系统上的一致性，那么我永远不可能通过语言的讨论与行为的观察知道这个现象，我会一直以为我们的色感是相同的。

当我的红色是你的绿色时

简单地说，如果我天生看见的绿色和你看见的红色的感官知觉对调，我们永远无法发现这个不同。因此，A 说他比较喜欢红色，而 B 却说他比较喜欢绿色，当他们争论哪个颜色比较美时，他们所喜欢的感官知觉说不定根本一样，却完全无法察觉。有人或许会感到疑惑说，只要看一个人在红绿灯前的行为，不就可以知道他是否为红绿色逆反感质的人了吗？事实上，他们的行为不会有任何差别。为什么会这样呢？

假设 A 的视觉经验像一般大众一样，而 B 是红绿对调的逆反感质人，当 A 看见红色事物时，A 的感官经验可以称之为“A 红”；看见绿色事物时，A 的感官经验可以称之为“A 绿”。由于 A 和一般人的感官知觉相同，所以，“A 红”的感官知觉就是我们一般称之为“红色”的感官知觉，“A 绿”则是一般所说的“绿色”。反之，当 B 看见红色事物时，B 的感官经验可以称之为“B 红”，看见绿色事物时，其感官经验则称之为“B 绿”。由于 B 是红绿色的逆反感质人，所以，“B 红”实际上是我们一般所说的“绿色”，而“B 绿”则是一般所说的“红色”。那么，从内心的感官知觉来说：

A 红＝红色＝ B 绿

A 绿＝绿色＝ B 红

在 B 小的时候，当他看见红灯时（它实际上内心的感官知觉是“B 红”，也就是我们一般所说的绿色），人们都称呼这个东西是红色，所以，B 也学会称呼这个东西为红色。由于 B 学会交通法规看到红灯要停下来，所以，当他看到了“B 红”（他内心呈现的实际上是我们所谓的绿色）时，他就跟着停下来了。因此，在红绿灯前，B 并不会表现出任何和其他人不同的行为。因为，B 从小学习语言的时候就自然会把内心的“B 红”感受（也就是他内心的绿色感官知觉）称之为红色，而把 B 绿（他内心的红色知觉）称之为绿色，所以，从语言与行为表现来说，他会和其他人完全一样。因此，我们（包含 B 自己）无法分辨这样的差别。

每个人的感质都不一样

当然，唯物论者会说，逆反感质的人在大脑的运作方式上一定有一些与其他人不同的地方，否则怎么可能产生不同的色感呢？只要能够深入了解形成颜色的大脑运作方式，自然就可以判断出一个人是否为逆反感质的人了。而且，由于人们天生的大脑结构是类似的，所以我们合理地相信不会有逆反感质的问题。

虽然这样的推测很合理，但是唯物论目前也只是一个科学上的假设，心灵与意识究竟是不是真的由大脑所形成，或完全由大脑所形成，也都还是个问号。而且，就算真是如此，我们还无法确定，是否真有一天可以揭开各种心灵状态所对应的物质现象。所以，这个问题有可能永远是个谜。

借由这个对感质同一性的怀疑，我们可以说，目前无法确认大家的感质是否相同。甚至我们还可以大胆想象："所有人的感质全部都不一样。"意思是说，我所看见的红色感觉是独一无二的，没有一个人和我一样，而别人的感官知觉也都是如此。即使在这种情况下，我们也无法借由语言与行为发现有所不同。这个想法简单说就是，我们内心世界是封闭的，处在一个无法真正交流的状态，虽然我们一直以为了解别人的内心世界，但这有可能只是一种知识上的错误预设。

类似的问题也的确在日常生活中上演，例如，有些人会对某些情绪感到很难适应而求助他人，例如，很没安全感、对未来焦虑、对任何事都感到烦躁、忧郁、恐惧、无力感，甚至觉得人生没有意义的虚无感。求助者常遇到的回应可能是，"想这么多干嘛！我也有这样的情绪啊，别管它就好了。"然而，最大的可能性是，回答的人根本无法体会求助者内心的真实情感。如果真的可以不管它就好了，还有谁会来求助啊？

发生这种问题的一种可能性如前面所说，求助者和回答者心中所想的内心情感根本就是不同的东西，但由于我们使用相同的词汇，所以很容易误以为是相同的东西。另一种更合理的可能性是，虽然感觉类似，但强度不同。即使表达的情绪类似，当强度不同时，也会演变成完全不同的问题。由于我们无法对这些情绪做客观衡量，所以很难断定究竟事实如何。就目前来说，这还是个非常棘手的问题。

58 自我："我"是什么？"我"存在吗？

当我们遇见不熟悉的事物时，通常会去思考它，思考过后不见得全盘理解，但通常会有更多的认识。然而在哲学上，许多日常生活中人人习以为常的东西，在深入思考后反而愈来愈困惑。古罗马时期的奥古斯丁在思考"时间"时，就曾感叹说："在我思考何谓时间之前，我很清楚知道时间是什么，但思考后，我却不知道时间是什么了。"不仅针对"时间"会有这样的困惑，思考何谓"心灵"、"自我"时，也都会有类似的情形。在这种情况下，我们会感到疑惑，原本让我们以为很清楚知道这些东西的知识，究竟值不值得信赖？

前面已经对心灵有很多的讨论，现在来思考看看，何谓"自我"？自我真的存在吗？

身体、灵魂、大脑、记忆

当我们说"我"的时候，通常指的是自己的身体，例如，"我的手扭到了"或是"我跑得很快"。但是只要稍微想一下，就知道真正的自我不是指身体。例如，假设爱贪污的王先生的灵魂（或是心灵）占据了陈姓官员的身体，然后做了贪污的行为。那么，贪污的人是谁呢？如果真有这种情况发生，我们会觉得陈姓官员是无罪的，真正有罪的是王先生。虽然贪污的是陈姓官员的身体，但是我们会觉得，灵魂（或是心灵）比身体更能够代表一个人的自我。

这个说法原本没有问题，如果我们是心物二元论者，便可以宣称，自我就是一个人的灵魂。但是，现代是属于唯物论的时代，唯物论目前被视为最合理的理论。从唯物论的角度来看，灵魂并不存在，心灵就是身体（尤其是大脑）所制造出来的现象。在这个观点上，“自我”的概念会变得有点奇怪。

我们会想问，在没有灵魂的情况下，“自我”究竟在哪里？既然心灵在脑子里，自我也应该是在脑子里吧！在大脑的哪里呢？问题变得很麻烦。当今神经科学找不到“自我”的位置，或许自我和心灵一样没有特定位置，而是脑细胞运作下的产物。就像电脑软件，不一定要在特定记忆体位置运作，只要有足够的运作空间就可以执行我们想要的程序。依据这样的类比，是否表示“自我”只是一个思想运作的产物，而不是特定事物呢？自我能算是一个存在事物吗？我们是否还可以说“昨天的我和今天的我是同一个我”呢？因为，既然自我是一种思维运作过程的产物，照理说，昨天的我和今天的我已经有些不同了，应该是不同的人了吧。如果只有一天差异不大，至少“十年前的我和现在的我是不同的人了吧”。如果真是如此，十年前的我所犯的罪是不是应该一笔勾销？如果我们希望主张两者仍然算是相同的人，维系这个“相同”的东西又是什么？

为了回答这个问题，有人主张，维系十年前的我和现在的我的，是具有过去的回忆，也就是说，“一段连续的记忆”才是真正的自我。这样是否表示，如果有人暂时失忆，就变成另一个人了？

笛卡尔戏院制造的错觉

当代哲学家丹尼特（Daniel Dennett, 1942— ）主张，我们长期以来迷失在笛卡尔的戏院里面。因为笛卡尔主张心物二元论，一切包含着自我的意识运作都是由一个非物质灵魂所主导。即使我们接受了当代唯物论，放弃使用灵魂的概念来解释心灵与意识的运作，却在无意间保留了将意识现象看作具有一个核心点的想法，仿佛大脑中仍有个灵魂一般的指挥中心在处理一切，就像在笛卡尔制造的戏院观看一切。这样的错觉，让我们误以为有个自我在那里。实际上，重新检视所有意识现象后，并无法找到这个指挥中心。原来，这又是一场错觉。

从唯物论的角度来看，丹尼特的理论具有相当的合理性，如果心灵与意识真是由大脑相关的物质所构成，到目前为止，神经科学尚未发现这样的指挥中心存在，而且应该是不存在的。不过有趣的是，尖端的研究在某种程度上呼应了数千年来佛教传下的观点。禅师们从静坐中发现，在内心深处是没有自我存在的，就像六祖惠能的著名偈语所说："菩提本无树，明镜亦非台；本来无一物，何处惹尘埃。"既然象征"我"的菩提树，和象征"心灵"的明镜台都不存在，那又如何能蒙尘呢？

无论唯物论的观点是否正确，主张自我不存在的想法，的确值得我们细细思索。如果我们习惯性了解的那个自我不存在，是否有另一种更真实的自我呢？如果有的话，那会是什么？如果没有，这种错觉究竟是怎么产生的？它与我们所追求的人生意义是否有关联呢？一连串问题构成了对自我相关知识的怀疑，让原本以为很清楚的观念，在深入思考之后，竟然变得模糊、疑惑起来。或许，我们所习惯关于自我的知识真的都是错的；也许，还有更重要的关于自我的知识等待我们去挖掘。

59 因果律：“凡事必有因”是正确的吗?

遇到特别的事情时，我们自然而然会去寻找发生的原因。例如，如果撞车了，我们会去思考车祸是怎么发生的，因为对方速度太快，还是自己注意力不集中？去解释就是去赋予一个“因果关系”，把车祸当成是“果”，而车速或是注意力是“因”，然后说这个“因”导致了那个“果”。

又例如，考上了研究生，我们也会给一个因果解释，考上研究生是“果”，而“因”可能是“很用功”或是“运气好”。我们未必肯定该因果关联绝对正确，但几乎不会怀疑一定有原因导致那个结果。

有人突然发了大财，可能会归因于天公保佑；有人生了怪病，可能归因于做了坏事；有人精神恍惚，则可能归因于有鬼怪作祟。一般来说，现代人比较不相信这些所谓的迷信，而认为其因果关联是不正确的，而会使用不同的因果去解释。我们或许会发现，有些现象难以找到适当的原因来解释，但是无论如何，总是认为有一个或多个原因导致事情的发生，只不过我们尚未了解罢了。

是“因果关系”，还是“前后关系”？

“凡事必有因”——这是一个很基本的信念。

我们为什么坚持事物的发生必然有其原因呢？有什么理由支持或是

证明事物的发生必有其原因吗？

如果好好想一想这个问题，就会发现真有趣，“我们在完全没有任何证据支持因果关系存在的情况下，坚持因果关系的存在，而且还将它当成理所当然的东西。”为什么会这样呢？

当然，也有人不同意这个看法。他们会说，很容易可以证明因果关系的存在。例如，“看！我手上拿着这支笔，如果放手，笔就会掉下去；如果不放手，笔就不会掉。现在我把手放掉，笔掉下去了，这不就是证明吗？我把手放掉是因，笔掉下去则是果。”

根据上面这个例子，又有人反驳说，“真正的因不是把手放开，而是地心引力，是地心引力把笔吸过去的。”无论是哪一个说法，请问我们能够观察到“因果关系”吗？

事实上，我们并没有看到一个因果关系在这两者之间作用，我们所看到的，只不过是一种“前后关系”。某一件事先发生了（例如，手放开笔），然后另一件事随之发生（例如，笔掉下去）。除此之外，我们并没有观察到任何其他的东西。就像观察日出与日落一样，先有了日出，然后有了日落，但是其间未必有什么特别的关联可以称之为“因果关系”。

“因果关系”这个词汇所表达的比“前后关系”还要多。但是，单纯从观察证据来看，“因果关系”和“前后关系”是一样的，有什么理由能主张因果关系的存在？

理所当然，却毫无根据

18 世纪哲学家休谟就依据类似的理由主张，因果关系的存在是可疑的。尤其休谟属于经验主义者，经验主义认为一切知识来自于经验，因此在我们无法以感官经验观察因果关系的情况下，对因果关系的存在产生怀疑也是很自然的事情。然而，如果我们想要证明因果关系的存在，也可以放弃经验主义，尝试主张除了经验之外还有其他的可靠知识来源。

同属 18 世纪的哲学家康德就主张，关于“因果关系”的知识事实上是一种内建的知识（或说是一种内建的架构），人们天生就有一些用以认识世界的认知架构（例如，时间性、三维空间以及因果关系等等），借由这些认知架构的模子塑造我们可以认识的世界。因此，因果关系是属于天生而且不会改变的知识。

即使康德这个说法是正确的，也并不证明因果关系真的存在，只能证明我们天生就会使用具有因果关系的思考方式，来理解这个世界。至于这个客观世界是否真有因果关系，是无法知道的。

“因果关系”这么理所当然在我们知识中被运用的东西，竟然落得完全没有根据的下场。是否有可能找到其他更合理的想法，来支持因果关系的存在呢？因果关系几乎可以说是科学的命脉所在，如果世界上根本没有所谓的因果关系，科学理论就等于建立在虚构的支架上。

或者从另一个角度来看，如果我们试着否定其存在，一个没有因果关系的世界会是怎样的世界呢？如果不再运用因果关系去理解这个世界，我们的生活将受到怎样的影响呢？这些都属于有待开发与探险的思想新世界。

60 归纳法值得信赖吗？

当今人类最信赖的科学除了预设因果律之外，还依赖一个称为“归纳法”（induction）的推理方式。归纳法就是从已知的事物去推测未知的事物，或是预测未来的事物。例如，当我们所观察到的每一只乌鸦都是黑色的，就会认为下一只即将发现的乌鸦也会是黑色的。当我们发现过去物体运动都是依据 F = ma（推动力＝物体质量乘以其加速度）这个牛顿运动定律时，我们也会认为，尚未观察到的宇宙角落以及未来即将发生的物体运动，也会遵行这个定律。这种推理方法就称之为归纳法。

归纳法可以说是一个很根本的科学方法，如果归纳法不值得信赖，科学就不值得信赖了。然而，休谟却认为，归纳法是值得怀疑的。现代哲学家波普尔也依据休谟这个怀疑，而主张“科学永远无法证实任何理论，科学与真理的距离是无限遥远”。

宇宙规律会不会改变？

为什么归纳法值得怀疑呢？休谟主张，当我们相信现有的现象或是法则在未来可以继续使用时，便预设了这些现象或是法则不会随时间改变，过去与未来会和现在一样。当我们发现所观察到的乌鸦都是黑色时，我们可以推测所有乌鸦都是黑色的。为什么呢？因为我们相信，“在自然界中，事物的本性不会随着时间改变，而类似的事物会具有类似的共同性质。”这样的预设称之为“自然齐一律”（The uniformity of nature’s laws）。

在我们的观察中，由于太阳每天从东边升起，我们就推理，它明天依旧会从东边升起。从物理法则来看，目前这个宇宙一切物质都遵行爱因斯坦的 $E = MC^2$ 法则（能量=物体质量乘以光速的平方），于是我们便推理出，明天这个法则依然适用。然而，我们有什么理由相信这样的自然齐一律呢？为什么宇宙中的规律不会改变？如果宇宙中的所有法则都是很微量的逐渐在改变，自然齐一律就会是错的，而且，我们也很难找到什么理由来主张这些法则永远不会改变。

因此，归纳法所预设的自然齐一律本身只是一个假设，没有任何证据显示其必然为真。所以，休谟认为，归纳法是值得怀疑的。休谟的怀疑主要仍然是依据经验主义的思考结果，既然一切知识来自于经验，而我们对未来事物并没有任何观察经验，在这种情况下，怎么可能获得尚未被观察事物的知识呢？自然齐一律其实是个无法被经验所验证的法则，我们如何能够依赖它？

当然，虽然值得怀疑，但至少依据目前观察所得，它还是有相当的可信度。我们相信归纳法和自然齐一律到目前为止是没有问题的，有问题的或许是经验主义的要求过于苛刻。

然而，由怀疑论者们的深度反思，我们可以看见其不稳定的基础，一旦在观察证据上有任何新发现，或是有新思潮可以挑战归纳法与自然齐一律时，我们的思考就比较能有快速改变的弹性，随时准备接受任何重大的观念转变。如果这一天来临，表示人类知识将有突破性的进展，开辟另一片新的思想疆域。

第6篇

其他哲学领域

哲学领域
逻辑
批判性思考
科学哲
价值哲学
简略介绍部分

涉猎部分
?
?
?
?
详细介绍部分
人生哲学
形而上学
伦理学
知识论
社会哲学
美学

61 逻辑与批判性思考

自从古希腊哲学家亚里士多德以来，哲学家们发现人类习惯的推理方式，可以从其错误率区分成两种：有可能会错的和绝对不会错的。而绝对不会错的推理方式就称之为逻辑推理。

有效推理与符号逻辑

这里所说的对错并非针对结论的对错，不是只要依据逻辑推理，得到的结论一定是正确的。目前没有任何思考方法（包括科学方法）可以保证这点。这里所说的对错仅是针对推理过程。因此为了避免误解，哲学家们不再称这种逻辑推理为“正确推理”，而称其为“有效推理”。有效推理就是符合逻辑的推理，即一般说的逻辑推理。这种推理虽然不保证推出的结论一定是正确的，但可以保证：“如果依据的前提是正确的，经由有效推理，结论一定是正确的。”这就是其价值所在。反过来说，所有不属于有效推理的推理方式都是无效推理。无效推理无法保证从正确的前提一定可以推出正确的结论，当然，也不能保证可以推出错误的结论。

哲学家们把各种常见的逻辑推理方法找出来，形成基本推理规则，只要熟记这些推理规则，就可以肯定某些推理是有效的。如此一来，当我们看见一个有效推理时，只要认同这个推理所依据的前提，就可以放心接受其结论。

举例来说，假设我们知道如下事实："如果发明家法案通过，小王就决定要去当发明家。"依据这个前提，下列哪一个（些）推理是有效推理呢？也就是说，如果这个前提是正确的，下面哪一个（些）句子保证也是正确的？

（1）如果小王决定要去当发明家，那就表示发明家法案通过了。

（2）如果小王没有决定要去当发明家，那就表示发明家法案没通过。

（3）如果发明家法案没通过，小王就不会决定要去当发明家。

（4）发明家法案通过和小王决定去当发明家，两者必然同时成立或同时不成立。

（5）如果发明家法案被搁置（并非通过也并非不通过），那小王也会延后决定是否要当发明家。

想出答案了吗？在这五个答案中，只有（2）是正确答案，其他都不是。从逻辑的形式符号来说，我们可以把前提用"$P \rightarrow Q$"来表达。（"P"代表"发明家法案通过"，而"Q"代表"小王决定要当发明家""→"代表"如果……，则……。"）那么，答案分别是：

（1）$Q \rightarrow P$

（2）$\sim Q \rightarrow \sim P$（"~"代表"非"）

（3）$\sim P \rightarrow \sim Q$

（4）(P∧Q)∨(～P∧～Q)（“∧”代表“且”；“∨”代表“或”）

（5）R→S（“R”代表“发明家法案被搁置”；“S”代表“小王延后决定是否要当发明家”）

这些符号化之后的表达方式，对未曾学过符号逻辑的人来说会很困扰，反而更难掌握。还不如看中文慢慢去想。但对熟悉符号逻辑的人来说，则是一目了然，一看就知道（而且非常确定）只有（2）是正确答案，其他都是无效推理。

这些都有逻辑公式可供参考，学好逻辑之后，在日常生活中便可迅速掌握说话者的逻辑结构，在哲学上也能了解什么样的推理是值得信赖的。

辨识似是而非的推理与怀疑态度

另一种跟逻辑息息相关的思考能力称之为“批判性思考”。这是采用一种比平时更为严格的眼光，检视各种想法或理论，并且经常性地对各种看似正确的想法提出质疑。相对于逻辑思考是让我们确定推理的正确性（有效性）之外，批判性思考则是找出推理与各种想法的错处以及问题所在，进而提升思考的准确度与可信度。有时批判性思考也被认为是逻辑的一部分，因为在学习逻辑的时候，当我们知道某些推理是有效推理的同时，也会知道某些推理是似是而非的推理，而这种辨识似是而非推理的能力就是批判性思考中一项很重要的能力。所以，逻辑与批判性思考常常是相辅相成的。

在哲学领域，逻辑通常针对的是符号逻辑，也就是形式化后的符号计算，常常不去管到底推理的内容是什么。但是，批判性思考主要针对日常生活中，各种实际例子在操作，这是两者最大的不同。

批判性思考最重要的态度就是怀疑。对于各种想法，不轻易相信，尽可能地去质疑。这种质疑包含：任何思考是否还有问题？任何对问题的解决方案是否已经是最好的？抱持这种态度，在日常生活中可以尽量避免错误推理发生；在问题解决上，可以不断寻找更好的办法（有时广义的批判性思考还包含产生新观点的创造性思考）；而在哲学思考上，可以不断追问知识的根源，让我们不轻易栖息在某一个理论中，而能不断跳脱旧框架，寻找更合理的新观点（包含了多面向的思考方式）。这也是智慧提升的重要过程。

不过，如果把这种怀疑态度用在做人处事方面，一定会不断得罪人，因为没有人喜欢常常被怀疑。当然，我们也不能毫不保留地相信别人，这样一定会有被骗的时候。因此，在日常生活的应用上需要掌握一些手法来调和两者。最好只针对想法，而不要针对人。虽然想法总是人说的，但只要不因为某人的某个想法有问题，就去否定一个人，比较不易导致严重问题。事实上，每个人总会在某些情况下制造出愚蠢的想法，无论是发现自己或是别人有这类想法，修正就好，可以一笑置之，不用在意，更不须因此否定自己或是嘲笑别人。

逻辑谬误鉴识

我们通常会把在日常生活甚至哲学推理中，容易出现的似是而非的推理做分类，然后记得它们的特征。这种似是而非的推理称之为“谬误”。每个谬误都有可以辨识的特点，当我们自己或别人做一段推理时，如果出现这些特征，就可以迅速发现谬误。

举例来说，有个人去拜访一位养猫的朋友，看见猫咪喜欢被主人抱在怀里。他非常羡慕，也希望可以这样抱着猫咪，于是决定养一只猫。

引导他做这个决定的，是一个推理："朋友的猫喜欢被抱，所以所有的猫都喜欢被抱。"依据这个推理得出"如果我也有一只猫，我就可以常常抱着猫了。"这种推理形态在日常生活中经常出现，称为"以偏概全的谬误"。这个谬误的特征是，用少数个例（朋友的猫）来概括全体（所有的猫）。

当我们熟记各种谬误的特征，并且在日常生活中经常性地发现谬误，我们察觉谬误的能力（俗称的侦错神经）就会变得更敏锐，帮助我们不落入错误思考的陷阱。

62 科学哲学

是否有人曾经仰望天空，思考着，宇宙有没有个尽头？如果有，是在哪里？是什么样子？如果我们可以走到宇宙的尽头，再往前跨一步，会发生什么事？

有科学知识基础的哲学思考

这些问题跟我们的日常生活几乎一点关系都没有，但随意想想都令人感到兴奋。如果你和我一样对此有兴趣，就让我们来想象吧！例如，我可以想象宇宙的边界连接另一个奇妙的宇宙；或是当我伸手触碰边界时，会像撞墙一般被阻隔住；或者当我触碰边界的一瞬间，会有神仙姐姐出现并放烟火，恭喜我是碰触宇宙边界的第一百万人。

想这种问题虽然有趣，却很容易落入空想。由于人类在天文知识方面已经累积了相当程度的线索，思考此类问题，如果不能依据已经有的（相当程度可信赖的）知识，即使设想与论证都很合理，还是会落入空谈。

当古人在思考这些问题时，因为尚缺乏各种经验知识，所以任何一种想象只要合理，都是有价值的。到了现代，由于我们已经有了更具说服力的科学知识基础，如果哲学思考违背这些知识，除非能在其他方面有更强的说服力来弥补合理性，否则这样的哲学会变得没有知识价值（或许会有文学、娱乐或是励志价值）。

在哲学领域中，许多哲学家同时具备完整的科学训练，依据不同科学领域已有的知识基础，运用思考（有时也应用实验方法）继续往前追问解答。

著名问题与当今潮流

针对科学方法的研究，有所谓的科学哲学。著名的问题像是检证方面的问题。例如，一只黑色的乌鸦，可以用来支持“所有乌鸦是黑色的”这个理论。而“所有乌鸦是黑色的”和“所有非黑色的都不是乌鸦”，这两句话在逻辑上是等同的（亦即，当其中一句是正确时，另一句就一定正确，反之亦然。）

然而，一个非黑色的非乌鸦（例如一支黄色铅笔）却不能用来支持“所有乌鸦是黑色的”，但可以用来支持其逻辑等同句“所有非黑色的都不是乌鸦”。这是一个奇怪的现象，为什么检证上的支持与不支持，和逻辑背道而驰呢？里面究竟有什么问题？

另一个著名的问题是，假设我们定义一种颜色叫作X色，X色的意思是说，“在公元2050年之前，它是黑色的；但在公元2050年之后，它会变成白色。”当我们在现代（2050年之前）发现了很多黑乌鸦之后，我们得出“所有乌鸦是黑色的”，但也同时可以得出“所有乌鸦是X色的”。

一切证据可以同时用来支持这两个理论。然而，这两个理论不可能同时正确，因为它们互相冲突。在这种情况下，我们有什么好理由要选择一个而放弃另一个呢？

这个问题显示，在科学实验中，我们认为某些证据支持某个理论时，还牵涉到是在什么样的定义脉络下（就像目前对颜色的习惯性定义方式），如果改变不同脉络（就像用 X 色的方式来定义颜色），即使依据相同的实验证据，得出的结论就会不同。除非我们可以主张某些定义是不当的，或是某些解读的脉络才是正确的，但理由是什么？为什么一定要这样定义而不可以那样定义？

如果找不到确定性的理由，就只能说，获得科学证明的各种所谓的“事实”，只是针对我们习惯使用的理解脉络有效。在这种情况下，就不能说科学事实属于客观事实了。因为它只是相对于某个理解脉络来说是事实，但我们又无法先证明这个理解脉络是正确的。该如何面对这样的质疑呢？

除了这种反思科学方法的科学哲学之外，许多哲学家具备各种科学知识，而在该科学领域中做哲学性思考，像是物理学的哲学、心理学的哲学、生物哲学、意识与认知哲学。依据当代最前端的科学研究为基础，以思考与论证为方法，继续探索各种自然现象，尝试揭发其本体真面目。这也是当代哲学界的主要潮流之一。

63 社会正义

针对政策的规划与执行，我们经常碰见许多争议的问题。例如，当某些地区被规划为公园用途时，如果有住户不愿配合，公权力是否可以用来强制拆除他们的住宅？强制拆除使得原本的公园计划可以实施，这将会让多数人获得较大的利益，但是对于不愿意搬迁的住户来说，却是一种伤害。政府是否可以为了多数人的福祉而伤害少数人的利益呢？

另外，假设政府决定要全额提供中小学生的营养午餐，并实施 12 年免学费政策，是否应该把富人排除在外？许多人认为，这种政策本身的目的是在照顾弱势，但若连富人也一起算在内，与政策的原来目的不合，而且还增加政府开支，所以是不适当的做法。

从这两个例子来看，如果依据效益主义的主张，用最多数人的最大幸福来计算，两个政策都是好的政策。但是转换不同的角度，这样的政策却是不公平的。用另一个常使用的概念来说则是不正义的。为什么它们可能被归类为不正义？除了感觉之外，是不是有什么标准可以判断一个政策是否正义？

判断正义的思考法：无知之幕

当代哲学家罗尔斯（John Rawls, 1921—2002）主张可以用一种“无知之幕”（veil of ignorance）的思考法来判定一件事情是否符合正义。也就是在思考任何决策时，先不考虑个人的身份、条件、能力、种族、国籍、年龄、性别、价值观等等各种资讯，像是放入幕中看不见，而对自己的特殊性形成无知的状态。在这种无知的状态下，我们就自然能够做出正义的判断。

假设，政府为某个群体设立了高于银行存款利率的优惠存款政策。这等于是让特定族群获得额外利益，却由其他人来支出这笔钱。因此，这个措施就会被质疑是自利下的产物。

先不管究竟谁受惠，让我们用无知之幕的角度来思考，如果制定这项政策的官员，在不考虑自己是否会受惠的情况下（也就是不考虑自己的特定职业身份，但可以考虑自己是一个国民），是否仍会制定这项政策呢？这里要问的是，制定这项政策的理由何在？如果除了照顾特定族群之外，没有特别的好理由，在政策制定者个人也“正好”属于受惠族群的情况下，我们倾向认为依据无知之幕的思考，他们不会推出这个政策，那么这就是一个不正义的政策。

反过来说，如果有其他更好的理由，而且在不考虑自己是否是受惠者的情况下一样会去执行，那么这个政策就比较可能具有正义性。

人天生具有判定正义的能力

换个例子来说，当一个核电厂厂长主张不该废除核电厂时，我们不能只由他的身份推测，“他是因为想继续当厂长而这么主张”。而必须看他在不考虑自己是否为厂长（无知之幕）的思考下，是否还会做相同的主张。例如，他的理由是“核电厂是最经济且低污染的发电厂”。而且他还相信“核废料问题可以获得解决”。另外，他也相信“核电厂真的很安全”。如果这真是他的主要理由，即使他不是核电厂厂长，但身为一个国民，无论住在哪里、是否富有，都会主张不要废除核电厂。基于这些理由所制定的政策，就可以算是一个公平正义的政策了。

简单地说，从罗尔斯的主张来看，人天生具有判定正义与否的能力，当我们不考虑个人私心的时候，自然而然可以知道怎样的政策符合正义。而无知之幕的用意就在于让我们避开偏向个人利益的思路，而正义的观点自然浮现。

如果真是如此，这表示要立一个公平公正的法，要执行一个符合正义的政策，都不是件难事。但是，为什么大多数国家通常都会出现一些不公平、不正义的政策呢？在真实世界中不难发现，道德与正义往往不是理论的问题。虽然理论建构完善并不容易，但更难的是人们是否愿意做个有道德的人，以及当权者是否愿意制定与执行符合正义的政策。社会更大的问题其实在于人的私心。

哲学思考便可以在此转向：究竟怎样的一种社会形态、社会教育、政治制度，能够让人更愿意做个有德之士，以及有正义感的政治人物？

当然，罗尔斯的方法并非所有情况都适用。以本篇一开始的两个例子来说，是否可以强拆钉子户？某些社会福利是否可以排富？即使站在无知之幕的角度思考，大概也难以获得共识。在这种情况下，就不易判断是否符合正义了。

64 寻找完美的政治与社会制度

现代可说是民主时代。非民主国家大多遭受歧视，人们似乎也认为这是理所当然的。其实，早在两千多年前，古希腊时期就已经出现过类似的民主制度，大哲学家柏拉图却反对这个制度。他认为，民主制度是众愚政治，由一群知识与品德程度都不高的人来治理国家，导致被煽动的群众判处他的老师苏格拉底死刑。

民主政治不仅不完美，缺点还非常多，而且很严重。

君主制、贵族制、民主制

柏拉图写了一本《理想国》，希望借此描摹出一个理想的国度。这个理想国在许多方面，有点类似传说中的中国古代尧舜的明君政治。明君政治也是孔子心目中的理想制度。当掌握大权的君王是无私、睿智且贤能的，国家一定会朝向最好的方向发展。在当代，新加坡与不丹王国都比较类似这种制度，其社会状态有很多民主国家所没有的优点。分析一个制度必须全面观察，明君政治的确很好，然而问题是这个“明君”怎么出现？从中国历史上来看，明君的出现是要看运气的。当上一任明君（不管用什么方法）传给下一任君主时，没人能保证下一任会是明君，就算刚开始是，掌握大权之后会不会就变了呢？没人能够预料。只要出现一个暴君或是昏君，整个社会就彻底毁了。所以为了预防万一，大权不能全部让一个人揽在身上，必须有制衡的力量。可以用什么力量来制衡呢？

在人类历史上，出现过所谓的贵族制度，由几位贵族共同掌握大权，互相制衡。但是从历史发展来看，这遇到问题更多，贵族互利时，剥削人民；敌对时，受苦的也是人民。由于这种制度并不好，因此把最后的大权放到全体人民身上，形成了民主制度。在民主制度中，常常无法选出真正好的政治人物、行政没有效率、私心政客满街跑、贪腐问题难以解决，但有一个很大的好处，就是可以防止恶君当道的最糟局面。于是，也就得过且过了。

在人类曾经发明的各种制度中，君主制、贵族制、民主制都有其优缺点。就像亚里士多德指出的，君主制会变成独裁制，随自己高兴做事情；贵族制容易形成寡头制，少数掌权者争权夺利导致国家混乱；民主制则容易变成众愚制度，让政客们煽风点火引导人民走向毫无希望的未来。

这些制度都有缺点，究竟哪一个比较好，其实是有争议的。虽然当今世人认同民主政治，但不可否认它的确有很大的缺陷。问题的关键仍然在于人们充满私心，一旦关系到个人利益，往往不择手段。为了解决私心导致的各种问题，我们利用社会制度来弥补缺陷。

65 价值相对主义对人生观的影响

在伦理学的篇章中，我们讨论过道德相对主义，主张道德没有一个客观性与绝对性，一切道德的善恶都取决于其文化社群。这一篇要谈类似的观念，叫作价值相对主义，其主张“任何事物的好坏没有一个客观标准，所有价值的好坏判断，都取决于其文化社群”。这样的观念对人生有什么影响呢？先来看一则大家耳熟能详的故事。

一个老太太有两个儿子，大儿子卖扇子，二儿子卖雨伞。下雨时，老太太忧心天凉大儿子的扇子卖不出去；出大太阳时，又担心二儿子的伞没人买。于是她整天过着忧心的生活，很不快乐。有一天，有个很有智慧的人遇见老太太，于是他跟老太太说了一番话，老太太恍然大悟。从此以后，每当下雨天，老太太就很开心二儿子的伞生意好；出大太阳时，就高兴大儿子的扇子卖得好。于是一家人过着快乐的生活。

从故事中你看到了什么？

看到这个故事，有人觉得老太太有点蠢，这种事情的差别再明显不过了，何须智者提醒呢？也就是说，这则故事究竟好或是不好，也是因人而异的，有人可以从中看见让人生喜悦的智慧，有人只看见一个蠢人的故事。

那么，这则故事有什么智慧呢？如果把一切好坏的判断都套用上，这就是一个价值相对的主张："事物本身无所谓好坏，取决于从什么角度去看它。"抱持这种主张有很大的好处，可以避免许多因执着而导致的不快乐。但是，这是正确的主张吗？

我们可以先问一个问题，任何一件事物的好坏有客观性与绝对性吗？例如，大家都不喜欢丢钱、不喜欢麻烦事、不喜欢遇见坏人。为什么这些事情是不好的？对大多数人而言答案应该是："这些事情让我们不快乐。"

如果我们可以用一种智慧的眼光来看待这些事情，发现喜悦的一面，因而获得快乐，它们是否就变成好事了？换句话说，"让我们不快乐"的理由无法使这些事情，具有一个"它们不好"的客观性。如果无法找到一个客观基础来宣称它们是坏事，就无法说，这些事情一定是不好的。

我们可以考虑接受中国古代哲学家老子所传下的人生智慧：价值相对主义。事情本身并无好坏之别，取决于你从什么角度去看它。习惯从坏处着眼，就过着生气愤怒的人生；想过一个愉快的人生，就学习事事从好处去看。

是自我欺骗，还是正向思考？

两个多年不见的好朋友相遇。A 抱怨自己每天都在忙，在痛苦中度过，没人帮他。B 说自己每天都在灵修，在快乐中成长，身旁的人都是自己的助力。A 好羡慕地询问 B 的生活。B 说，每天忙碌地准备三餐、上班、带小孩，她必须不断提醒自己要放松，不要烦躁，心境愈来愈能保持平静，也愈来愈常微笑。在公司遇到讨厌的上司时，会感到很生气，但要让自己放下评判，不受别人情绪影响，甚至主动去询问坏脾气的上司是否有需要帮忙的地方。久而久之，这种灵修方式让周围的人愈来愈喜欢跟她说话，对她微笑。这也成为灵修的助力，让她更容易做到这些事情。

A 听了恍然大悟，“原来一样的生活，只要用不同的态度面对，就可以有完全不同的结果。”这就是价值相对主义所支持的生活智慧。

任何事情都有好的一面。从某个角度去看，任何事情都可以是好事。如果我们常常转换看世界的眼光，朝向好的一面想（也就是所谓的正向思考），人生自然会快乐很多。

有人会问，这种思考与生活方式不是自己在骗自己吗？其实不然，除非不同意价值相对主义，否则既然事情好坏由我们的观点决定，又何必选择不快乐的观点呢？不管是利己主义、享乐主义，还是幸福论等等，似乎都汇流至这条人生大河，何乐不为？

当然，我们也可以反对价值相对主义，那么就找出决定事物好坏的客观标准吧！这将会和寻找道德客观标准一样，是项艰难的任务。在找到之前，何不让自己提升智慧（训练可以时时转换不同的角度看世界），来过过轻松惬意的愉悦人生呢？

66 美学：人审美的标准是什么？

上一篇讨论的各种价值观是针对人生哲学方面，转换看事情的不同观点，产生不同的好坏评价。这种价值衡量的情况是否也可以应用在对人与物品的观感上？这种价值观属于审美的层次，涉及决定一个事物是美或是丑的机制是什么。也就是有没有一个客观标准？

美感从何而来？

老子认为“美”是相对的。在《道德经》第二章中，他说：“天下皆知美之为美，斯恶也。”意思是说，当社会上普遍流传关于美的标准之后，就产生了丑的观念。也就是说，如果没有关于美的标准，就不会有任何东西是丑陋的，两者相依相存。

然而，真是如此吗？“美”的确看起来没有一个绝对的标准。当一群人前往美术馆欣赏画作，每个人喜欢的作品不太一样，有人喜欢浪漫派，有人欣赏印象派或是写实派，但是似乎也并非完全没有一个标准。如果让人们投票选出自己最喜欢的画作，得票数一定不会平均分配，而是多数的人将会选出很少数的画。而且只要让我们看看照片，大体可以推测出哪些画作容易被选上。从这个结果来看，人类的审美观似乎还是有某种程度的客观性存在。

于是，哲学家开始思索，“美感”究竟是怎么来的？为什么会认为一个东西好看？为什么认为一个物品有价值？新的东西通常比旧的东西更美也更有价值。不过，有时旧的东西却更昂贵，为什么呢？台湾人觉得美味的臭豆腐对许多西方人来说却难以接受，这种品味的差异究竟如何产生的？诸如此类关于审美的问题，形成了哲学上的“美学”领域。

中世纪哲学家阿奎那提出几个关于美的客观原则：完整、和谐与明晰。他认为只要遵循这些原则的事物，就是美的。后来人们却发现，这些原则是可以打破的，有些建筑或是绘画不明晰、不和谐，甚至还不完整，但看起来却更美。也就是说，仍有其他因素在主导审美观。目前尚无法将它们完全找出来，形成一个决定美丑的计算公式，而且不同社会、文化，甚至人与人之间的观点也未必相同。

从演化看女性美与男性美

在对于人的审美观方面，有一个很有趣的讨论。演化生物学家一直感到很疑惑的一个问题是：“为什么男人会这么重视女人长相的美丑呢？”这在演化上有什么意义吗？如果有的话，就可以从演化的角度给予审美观一个客观标准了。

从演化论的角度来看，一个特质之所以会被保留下来，表示其对生存以及基因的延续是有优势的。那么，男人的审美观有何演化上的优势呢？如果女人的美或丑对生存与基因延续没有差别的话，对女人美丑的挑剔不就反而成了不利保留基因的特质？因为，这样的男人可能在得不到美女的情况下，失去拥有后代的机会，其基因就会逐渐被淘汰掉。在这种发展下，现代男人应该都属于不会挑剔美丑的人才对，但事实并非如此。因此，基于演化论的观点，这表示女人的美丑应该会影响生存或是保留基因。

某些科学家提出几个有趣的观点。例如，一个美女至少具有脸形的对称性与均衡性，而脸部对称与均衡者较为健康，也较容易生出后代并且抚养成人，让基因继续繁衍。所以，如果古代男人可以得到这样的女人，并且生出后代，则此男人的基因也较容易被保留下来。

另外，几个吸引人的特征也有类似的解释。例如，胸大有利于哺乳，细腰与翘臀的黄金比例有利于生产，这些都属于让男人迷恋的女性特征。当一个男人找到这样的配偶之后，容易让自己的基因保留下来，同时也保留了这种天生对女性美丑的价值观。

对女人来说，女人对男人的审美观较多偏向于高大强壮，或是聪明有智慧，这些正好是古代男人生存的最大优势。找到这样的男人，容易留下自己的后代，也同时保留了这样的基因。反过来说，如果有一天，有个女人突变出一个基因而喜欢弱小又愚笨的男人，由于这样的男人难以在古代生存与保护他们的后代，这个基因就会被天择所淘汰。

从上面的说明来看，我们似乎从演化理论中找到一个好的审美客观基础。然而，只要再仔细思考，这个演化理论的观点会出现许多难以解释的地方。首先，“对称与均衡”对女性美的说明是不足的，男人更重视的不是对称的程度，也不是均衡。另有科学家依据许多人脸形各方面的比例（五官大小与距离）造出一个最对称均衡（取平均数）的脸形，它却不是最具吸引力的。反而是眼睛要再大一点，睫毛再长一点，嘴唇稍厚一点，鼻子再小一点但挺一点，加上一个较清瘦的瓜子脸，而这些特质很难跟任何健康因素扯上关联，也无从判断其究竟有什么生存优势。

此外，众人皆爱的白皙皮肤，更可能是一个不利健康的因素。

美丑、好坏、善恶的客观价值基础

或许，人的审美观是复杂因素的组合，除了演化的天性，还包含有社会文化的差异。而且，即使是演化来的也未必全部都有利生存与繁衍，也可能是演化上的巧合所造成。这个可能性也让演化论趋向“难以被证伪”的窘境。而且，到了现代，我们发现人们的审美角度也越来越没有一致性，就像许多女人喜欢长得好看、斯文，甚至瘦弱的花美男。

然而，就算包含善恶、好坏、美丑等价值思考都能在人性中找到一个好的客观基础，这样的客观性也仅适用于人类。如果宇宙中存在有其他星球的人，他们的价值观一定会和我们有相当程度的不同。这应是毋庸置疑的，但会不会也有类似的地方呢？

如果有一天，我们可以了解数十个或是数百个完全不同的外星文化，能否在所有各自发展且几乎没有生埋共通性的智慧生物中，找到价值观的共通性呢？如果真的有，表示宇宙中或许有真正客观的价值标准，那会是什么？其依据又是什么？

即使在尚未发现任何外星文化的情况下，也可以尝试去思考一些我们认为几乎一定成立的价值原则，看看是否在某种外星文明的发展下会成为例外。例如，是否不可能有任何一个文明社会把“杀人为乐”当作一件好事？会有某种特殊发展下的外星文化产生例外吗？如果没有的话，我们是否就可以据此建立宇宙中的客观价值基础？这应该是一个有趣的延伸思考问题。

67 结尾：求道的哲学

假如有一天，有个朋友告诉你："在石碇大仑山上，有龙出没。这只龙很特别，它会出现在一个很难到达的荒凉地点，每次都现身大约三秒钟而已，只在月圆时有可能出现，但不保证一定。如果你看见它，就可以跟它许愿，它很有可能（但也不保证）会协助你完成愿望。"你相信吗？

如果你这样就相信了，表示你是一个很不理性的人，怎么会相信这种荒唐事呢？或许也代表着你天性浪漫，对一切资讯都很随性地接收。这样的态度很可能让你吸收无数的错误信息，生活中充满矛盾与冲突。当然，如果你达到道家随遇而安、顺其自然的生命境界，那么也没什么关系。

可以想见，多数人是不信的。很多理由让我们不相信有这种事。而且从科学与理性的角度思考，这几乎是不可能的。如果真有这种事情，我们也没有任何好理由解释为什么。相反的，我们却有很好的理由主张这是谣传。如果你这么想，那你是个理性且具有科学精神的人。

然而，如果这样的推理就让你满足了，不会想要进一步思考其可能性，那么你缺乏一种开放的胸襟，缺乏一种对未知世界的好奇心。这种态度会阻止你冒一下思想错误的风险，去探索一个说不定会扭转乾坤的伟大发现。

哲学家们对大多数事物保持怀疑，对于看似理所当然的事情，不轻易做出肯定的结论，而对于看起来非常荒谬的事情，也不轻易去否定，仅从各种角度，衡量其可信度。如果一件事情值得探讨，就找寻是否有其他让我们更能相信这个传说的理由。如果你具有科学探索能力，你可以要求证据。如果你的朋友可以拿出证据证明这只龙的存在，例如有影像为证，而影像经过检验值得信赖。或是有龙的身体部分为证，经过化验的确是一种未知生物的基因。我们或许就可以在科学的可信度范围内相信这件事情。

如果没有这么好的证据，而你具有哲学思考能力，你可以要求一个好的理由。为什么这件事情是有可能的呢？只要有一个好的理由，虽然其可信度没有像科学证据这般强大，依然可以在某种程度上让你保持乐见其成的心态。这属于一种哲学上的说服力。如果这些都没有，怎么办？

你的朋友跟你说："只要你愿意暂时相信我，跟着我，依据我的指引前进，有点耐心等待，你就可以自己看见。这比任何证据都还更有价值。"

假设你的求知欲非常强烈，在理性衡量之后认为值得一试，你决定依据他的指示寻找。在经历种种困难，你走过一片又一片毫无人迹的森林，就在身心俱疲、打算放弃的某个满月之夜，你终于看见寻觅已久的龙，而且许愿成真。这时，不需要任何客观证据，也不需要任何哲学理论，你知道这是事实，无论它听起来多么荒唐。

当你走下山，或许会想告诉别人你见到了什么，别人却只会把你当疯子看待。除非你遇见一个和你一样充满求道精神的人，愿意依循你的足迹，亲自走一遭，去证实只有他才能拥有的“自我知识”。

这种“相信”的历程，属于神秘主义的求道过程。亲身实践与经历，然后获得真知。

如同康德与许多哲学家认为，神的存在必须由体验去把握，而不是理论的推理，也不是科学的证明。老子与佛陀认为，真道是无法用言语表达完全的。耶稣要我们跟随他，经由他通往天国世界，而不是要我们阅读与思考。孔子也要我们去实践，跟随内在的仁心。历史上许多神秘主义者都只告诉我们如何实践以及他们获得了什么，但也无法通过语言的表达就让我们到达和他们一样对于某些事物的认知状态，并产生一样的相信感。

维特根斯坦说：“对于无法用语言表达的，我们就保持沉默吧！”相对于理性思辨的哲学所能到达的各种思想世界来说，那是属于另一种必须经由实践才能抵达的心灵世界。或许，许多哲学问题的解答，仅存在于那个完全不同的世界中，必须由我们亲自走一趟。只要到达了那个境界，我们自然能获得答案，而且就算得到了答案，也无法和任何人分享。当然，这个部分也超出这本书能妥善讨论的范围了。

后 记

经过本书的介绍，大家应该已经对哲学是什么有个相当程度的了解，也大概了解了哲学的思考方式。甚至，如果认真思考各种问题与哲学理论的话，也会觉得把握了许多哲学家的思想精华，以及其思想中的各种优缺点。并且，或许开始想要尝试以一个哲学思考者的角色，站上历史的舞台。

然而，这里面有个问题需要先厘清。本书所谈的各种哲学家们的思想，其实大都是极度浓缩、简化甚至重组之后的产物。里面究竟还保留了多少原来的智慧，其实很难计算。如果想要完整地了解一个大哲学家的思想，通常至少需要花费若干寒暑，沉浸于其浩瀚难解的著作，然后在整体的想法中，找到一条理解的通道。直到这个时候，我们才算真正走进这位大哲学家的思想花园，撷取其智慧的果实。

本书是一本哲学入门书。借由这本书，希望大家可以发现对自己智慧成长有帮助的线索，并开始一段智慧的旅程。但千万不要误以为这就是哲学的全部，不要以为自古以来哲人们的思想就只是如此这般。文中针对哲学家们的理论有许多批评，认为某些理论有其困难。这些批评或许都很合理，但是，绝大多数的批评也都属于争议中的问题。而且，也有可能是对哲学家们的误解。

所以，如果针对任何问题感兴趣，最好的方法则是再更深入地了解相关哲学理论。不要误以为本书中的批评等于告诉你，这位哲学家的思想已经没有再读的价值。或许，当你再深入思考或深入阅读之后，会有完全不同的见解。那么，你的思想就开始超越这本书，走向另一个哲学思考的阶段了。

在此就先预祝每一个踏上思想世界的探险者，在旅程中充满惊奇的发现。